弔ふ建築

終《つい》の空間としての火葬場

建築

日本建築学会 編

弔ふ

終《つい》の空間としての火葬場

鹿島出版会

はじめに——人間にとっての終《つい》の空間

故人を悼み、遺族を弔い、冥福を祈る。それは、古代から人類が行ってきた大切な営みのひとつである。死者を送る儀式には、民族性や宗教観が色濃く表れ、土葬、火葬、風葬、水葬、天葬とさまざまな方法で遺体を葬ってきた。

ほぼ一〇〇パーセントが火葬となるわが国は、世界的に類のない〝火葬大国〟である。インドを起源とし、日本独自の発達を遂げてきたなかで、会葬者が揃い、柩が火葬炉に納まるのを見送り、骨を拾う行為は、火葬場という空間をいっそう意味深いものとしている。

「死は門だなって。死は終わりではなくて、そこをくぐり抜けてつぎへ向かう……まさに門です。私は門番としてたくさんの人を送ってきた」

アカデミー賞で脚光を浴びた「おくりびと」で、火葬炉に点火する職員（火夫）が語ったセリフが印象深い。故人を送り出す門番として火葬の仕事をとらえているのである。

親しい人の死は遺された人々の深い悲しみとなり、心の整理がつかないまま葬儀に臨むことは決して少なくないだろう。火葬はやりなおしのきかない行為であるがゆえに、非常にデリケートにならねばならない公益施設といえる。

しかし、遺族が火葬炉の前で見送れないような施設が、例外的だが実在する。クレームやトラブルにもつながっているようだが、恒常的な利用者がいないためか、そうした事態は看過されてきた。使い勝手の評価を葬儀の場で会葬者に尋ねるわけにもいかず、利用者の声がなかなか反映されにくい公益施設になっている。

さらに、わが国では明治期の政策の影響もあって、衛生面での誤解が流布し、火葬場が忌み嫌われてきた歴史は否定できない。かつて集落のなかで焚かれていた送り火は、いつしか生活圏から隔絶され、人の死が遠いものとなり、行政も積極的なかかわりを避けるようになっていった。そして、計画・設計に関する指針や基準が存在しないまま今日に至っているのである。

ひるがえって火葬場を建築としてみてみると、北欧では世界遺産となった施設もあり、〝名作〟が少なくない。弔いの場とは、設計者の精神がもっとも純粋に発露しうるのではなかろうか。

わが国では高度経済成長期に建てられたものも多く、各地で更新時期を迎えている。今後しばらくは死亡者数が増加する傾向にあり、公益施設としての火葬場の存在に注目が集まってきたのである。また、親戚・近所づきあいの変化や個人の価値観の多様化によって、地域の風習によるところが大きかった葬祭は、転換期を迎え、多様化しつつある。そうしたなかで、遺族の心情への配慮を中心に計画され、運営される施設が、少しずつだが増えてきている。

火葬場は、人間にとっての〝終《つい》の空間〟である。そんな観点に立って、チベットの天葬から国内外の最新施設まで紹介し、あるいは日本の火葬場の歴史を振り返り、これからの火葬場に求められるものを考えてみたい。

日本建築学会　火葬場施設小委員会　主査　武田　至

目次

第一章

終《つい》の風景

終《つい》の風景

聖なる大河ガンガーでの沐浴と火葬

【インド・ヴァラナシ】

ガンガーでの沐浴。聖なる水で沐浴をすれば、
今まで犯してきた罪は洗い清められ、功徳を積んで
死後は天国に行けると信じられている

インド北部のヒンドゥー教の聖地、ヴァラナシ（ベナレス）には、インド国内だけでなく、海外からも多くの人々が訪れる。鉄道で来る人、バスで来る人、自分の足を頼りに歩いてくる人、おびただしい人々とともに、その間を縫うように遺体が運ばれてくる。

ヴァラナシはガンガー（ガンジス川）抜きには考えられない。ヒンドゥーの信仰によると、その聖なる水で沐浴をすれば、今まで犯してきた罪は洗い清められ、功徳を積んで死後は天国に行けると信じられている。すべての罪を清め、この地で死に、ガンガーに遺灰が流されれば、輪廻からの解脱を得るといわれている。これはヒンドゥー教徒にとっては最高の幸福とされ、この街には年間百万人を超える巡礼者が訪れる。なかにはこの地で死ぬことを目的にやって来る人もいる。

ガンガーの岸辺には約六〇のガート（沐浴場）が連なる。ガートとは〃場所〃を意味し、乾期と雨期の水位の変化を考慮した階段状の広場となっている。一生に一度はここに巡礼したいと願う人々が、各地から集まり、早朝に真向かいの東から昇る太陽に向かって礼拝し、祈り、ガートの近くで沐浴する。沐浴する人の周囲には、聖水をくむ人、物売りなどであふれている。観光客も多く、その光景は、ボートから見ることができる。

ヴァラナシには、マニカルニカー・ガートとハリシュチャンドラ・ガートという火葬場を備えた二つの有名なガートがある。入り組んだ路地を、金色の布で包まれた遺体を運ぶ光景が目に入る。左右を四人の男性に担がれて運ばれてくる。また、サイクルリキシャや、オートリキシャ、ジープなど乗り物の屋根にのせられて遠くから運ばれてくるものもある。

その一方で、この地で死を迎えたいと願う人たちも数多く訪れる。街の中心部には、シヤンティ・バワン（平和の館）、ムクティ・バワン（死を迎える館または解脱の館）、ガンガーラーブ・バワン（ガンガーにて解脱を得る館）、

ガンガーに昇る太陽。早朝に真向かいの東から昇る太陽に向かって礼拝する

多くの人々でにぎわう、ヴァラナシの市内。
年間100万人を超える巡礼者が訪れる

火葬場近くの露店。香木が混ぜられた木粉や焼骨を入れる素焼きの壺、遺体を巻く金色の布などが売られている

遺灰はガンガーに流されるが、お金がある人はボートでガンガーの中央まで行き、遺灰を流す

マニカルニカー・ガート。もっとも規模が大きく有名な火葬場で観光客も多く訪れる。
周囲にはたくさんの薪が積まれている。火葬場のためにヴァラナシの街は存在している

マニカルニカー・シヴァ・アシュラム（マニカルニカー・ガートのシヴァ神の庵）など、これらの人が宿泊できる場所が方々にある。すでに医師からそう長くはないと宣告された人たちなどがこうした館を訪れ、人生最期の日々を家族や親族などに伴われて過ごすのである。

その中のひとつ、ムクティ・バワンはある慈善財団によって、一九五三年に設立された。月に数十人が家族に連れられて来るが、そのうち数人は小康を得て帰り、残りの人たちはここで家族に見守られながら、最期を迎えるという。遺体を火葬場まで運ぶ人がいないときには、人手を集め、薪代がないときにはその工面までする。

しかし、現在では死を迎える館のほかに、大学病院をはじめとする多くの医療施設が街に存在するようになり、今ではほとんどの人は病院で亡くなり、死を待つ館を利用するのは、金銭的に恵まれない少数の人たちだけになりつつある。

このようにヒンドゥーの聖地として死を受け入れているヴァラナシであるが、その過去には紆余曲折があった。インドは一九世紀イギリスの統治下に置かれることになる。河川や湖は伝染病などの温床ともなりうるという公衆衛生上の観点から埋め立てられ、次々と公園や道路へ姿を変えていった。イギリスの干渉は、ヴァラナシで培われてきた死のあり方にも向けられることになる。その根底にはインドとイギリスの文化的な価値観のぶつかり合いがある。その相違は、イギリスが直接統治に乗り出す以前、数多くのキリスト教宣教師たちがインドを訪れていたころからみられていた。訪れた宣教師たちを驚かせたのが、ガンガーでの火葬と死を迎えるために集まる人々の姿であったという。

このような、強烈な戸惑いのなかから、やがてヴァラナシの火葬に対する批判も持ち上がってきた。街の中心に火葬場があるのは、公衆衛生上好ましくなく、火葬場を郊外に移し、それまでの火葬方法をやめて近代化すべきであるというものであった。そうして一八九三年、火葬場の閉鎖が宣言された。

しかし、こうした批判に対してヴァラナシの人々は強い異議を唱えた。火葬方法をめぐる論争は三〇年にわたり続けられた。市の公文書館には、この争いに終止符を打つことのなる文書が保管されている。一九二五年のヴァラナシ市政報告書には、自らの主張を取り下げる言葉が記されている。

「川に流される遺体は衛生上、おおいに問題ではあるが、火葬場を現在の場所から移転させるのは無理である。火葬場マニカルニカー・ガートやハリシュチャンドラ・ガートが街のために存在するのではない。街が火葬場のために存在するのである」。この言葉によって、イギリスもヴァラナシの街の存在を認めざるを得なかった。

キリア(追悼)の風景。ガンガーの川岸で毎夜
バラモン教の若い僧によって執り行われている。
現在は観光的な色合いが強い

あちこちに見られるリンガ。
インドではシヴァ神の象徴として崇拝されている

もっとも規模が大きく有名な火葬場は、マニカルニカー・ガートである。たくさんの薪が積まれ、二四時間火葬の炎が絶えることはない。七〇キロ以内の各地から遺体がひっきりなしに運ばれてくる。場合によっては一〇〇キロ以上も離れた場所からも運ばれる。

臨終の際、死者の口にガンガーの水を含ませる。そのため、ガンガーの水はインドの各地で売られている。男性の場合は白い生地、女性は赤などの衣で遺体を包み、二本の長い竹と木でつくったいかだのようなものにのせ、四人の家族や友達の肩に担がれて火葬場まで運ばれる。肩を貸すとよいことがあるといわれているので、所々で担ぐ人が変わることもある。「ラーム・ナーマ・サッテ・ヘー（神様だけが真実である）」と唱えながら運ばれる。火葬場までの通路や火葬場所の周辺には香木が混ぜられた木粉や素焼きの壺、遺体を巻く布などを売っている露店が並んでいる。

火葬場に到着すると、布で包まれた遺体は川辺に置かれ、ガンガーの水で清められる。一般的にこの行為は男性は男性によって、女性は女性だけで行う。火葬を行う場所は斜面に沿って段々に配置され、薪を組み、その上

24時間火葬の炎が絶えることはない、マニカルニカー・ガート。
親戚が集まりやすいため、火葬自体は夕方に行われることが多く、
夕闇に火葬の炎が浮かぶ光景も見られる

に遺体をのせてさらに薪を積む。その中に、服やお金、ブレスレットや指輪など、故人が好きだったものが副葬品として入れられる。ここには葬儀業者は存在しない。葬儀を行うのは僧侶の役目であり、僧侶はお布施により生活の糧を得ている。

火葬料金は決まっているわけではない。遺族は買える分だけの薪を購入する。火葬には五〇〇キロの薪を使用するときいたが、お金がない人は火葬に必要な量の薪を買うことができないので、その場合は火葬の途中でガンガーに流されることになる。

火葬の火は長男がつけることになっており、女性が火をつけることはない。家族に適任者がいない場合には友達が火をつける。火をつけるのは一〇歳以上の場合が多いが、親が亡くなったということの意味がわかる場合は、それより下の年齢でもよいとされている。五、六歳までの子どもと聖人には火葬は行わず、遺体に石をつけて川に流す、水葬がなされて

ハリシュチャンドラ・ガートにある政府が建設した電気炉の火葬場があるが、あまり人気がない。ガンガーの川岸では相変わらず野天の葬儀が行われている

いる。遺体は昼間運ばれることが多く、また親戚が集まりやすいため、火葬自体は夕方に行われることが最も多いが、早朝も多く行われている。

ガートを中心に多くの人々が働いており、葬儀を手伝う人は〝ドーム〟と呼ばれている。このドームを仕切る一族もいる。マニカルニカー・ガートの上部には、「聖なる火」をともし続ける施設を有する〝ドームラジャ〟という場所があり、火葬用の火はそこから運ばれる。この聖なる火はそれを守る一族がいるため、消えることはない。

その火を持ち、遺体の周りを三〜五回ほど回り、薪に着火する。六時間程度で火葬が終わると、最後に喪主の手で遺灰にガンガーの水がかけられる。次の遺体が待っているため、終了すると拾骨はすぐに行われ、遺灰はガンガーに流される。お金がある人は、ボートに乗ってガンガーの中央まで行き、遺灰を流す。こうして死者との別れの儀式は終わる。しかし、薪代を工面できないほど貧しい場合は、遺体を火葬せずにひそかに川へと流す。

ちなみにハリシュチャンドラ・ガートには、政府が建設した電気炉の火葬場があるが、あまり人気がない。しかし、若い世代には電気火葬が受け入れられており、今後は根づいていくかもしれない。

長時間使用されずに補修中の電気火葬炉

終《つい》の風景

魂が空に還っていく天葬

【チベット・ラサ】

ラサの天葬施設の全景

ラサ・チョカン寺正面入り口前での祈りの姿

チベット最古の寺院であるチョカン寺は、拉薩《ラサ》の中心部にあり、寺の前に大きな広場と、パルコン（八角街）と呼ばれる寺を一周する道路があり、その一帯はラサの唯一の繁華街である。

寺の前では、高く掲げられた経文を刷った布などをさおの先に結びつけ、厄除けと吉祥の印として立てるマニ・トイと、五体投地を繰り返す巡礼者たちが三、四列も並ぶのを目の当たりにすることができる。石畳の広場で、直立不動の姿勢で合掌し、組んだ手を下げるとともに地面にひれ伏し額をつける。これを繰り返し、ちょうど尺取虫のように少しずつ進む。真っ黒に日焼けした額からは血がにじみ出ている。五体投地礼は、仏への帰依を誓う礼拝法である。チベット仏教を信じるチベット族の人たちは、遠く四川省や青海省の地からもこれを繰り返しつつ、ラサの寺院に向かうことが生涯の願いだという。

チベットでは一般には天葬（鳥葬）である

チョカン寺前庭で五体投地礼で祈りをささげる人々

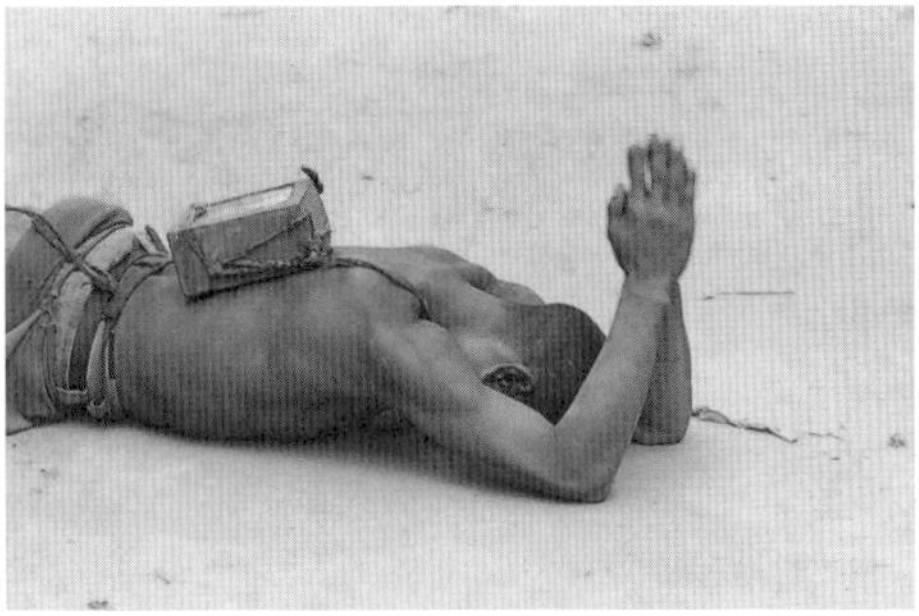

五体投地礼での祈り

チベット仏教の中心地、ポタラ宮の全景。ラサ市北西のマルボ・リ(紅山)の上にある

が、霊塔葬、火葬、水葬、土葬も見られる。霊塔葬はポタラ宮で見られるように、歴代のダライ・ラマの遺体をミイラにしてまつることである。火葬は高僧や身分の高い者、学者に限られる。あまり裕福でない人や寡婦、幼児などは水葬にされ、伝染病で亡くなった人や犯罪者は土葬にされると聞く。したがって、火、天、水、土葬とはっきり分けられている。葬られる場所が、天上、地上、地下となっていることは興味深い。

二〇〇六年一月、中国チベット自治区人民政府は「天葬管理臨時規定」を公布し、天葬の見学や撮影、報道を禁止した。以前は観光用のツアーもあったが、興味本位の見学が増えるにつれて、ハゲタカの行動に影響を及ぼすことになったという。これにより、チベットでの天葬見学はいっさいできないようになっている。チベットは、一〇七五か所に天葬台があり、天葬を司る天葬師も、一〇〇〇人前後はいるといわれている。

ラサの街のどこからでも望めるポタラ宮

ラサには四か所の天葬の場所があるという。そのひとつは、中心部から北に位置するチベット仏教の学問寺院色拉《セラ》寺の方向にある。市街地を抜けると一木もない岩と空の世界に入る。セラ寺のある尾根を大きく回り込んだ、川に面した低い位置にそれはあった。砂利道が橋のない川の向こうに続く。やや小高いところに、建物が見える。それを左に上りぎみに行くとタルチョ（祈祷旗）をたなびかせている天葬師の作業小屋が見えてくる。

天葬台は川原に突き出した、上部が平らになった巨岩の上にある。眺めている間にも、

ラサの天葬台

一台のトラックが川を渡っていった。

　ラサでは、天葬の日、自宅で僧と天葬師、遺族、友人が食事をともにする。午前二時にチョカン寺前に集まり、八角街を一回りする。このとき、父や母の埋葬では、その息子が遺体を背負って回ることになっている。この前に遺体の心身分離の儀式は済まされている。ここで遺族は遺体と別れ、僧と天葬師が遺体を車で天葬場所に運ぶ。

　天葬台では、魂が去った肉体を天葬師の手で小さな肉片に解体され、骨まで砕かれ、ツアンバ（チベット麦でできた食べ物）で丸められる。

　天葬師の呼び声に聖なる鳥、ハゲタカが集まってくる。施しを受けたハゲタカが、まっすぐ空に舞い上がっていくのを最上とする。低く徘徊すると、不吉な印ともいわれている。この儀式は日が昇る前にすべて終わるように進められる。

　この一見残酷に思える遺体の処理は、仏教の輪廻から見て、天界に転生するため、すぐれた上昇力をもつハゲタカに頼る意味深い葬礼方法である。

　また、厳しすぎる自然、火葬を行う燃料の欠如、土葬になじまない岩石と凍土の中での葬法である。

　チベットの少しのむだも許されない、ぎりぎりの生活環境を鑑みても、まさに天葬こそが、精神性も含め、風土への合理性から生まれたものといえる。

草木一本もないようなチベットの厳しい自然の風景

終《つい》の風景

世界一美しい墓
タージ・マハル

【インド・アグラ】

タージ・マハル全景。幾何学的に分割された四部庭園、西側にモスク、東側に迎賓施設、
4本のミナレット(尖塔)を従える。完全な左右対称の姿を表す

対岸に見えるもうひとつのタージ・マハルの敷地。
黒大理石で自分の墓をつくり、双方を橋で結ぶ計画を構想していた

タージ・マハルの装飾。世界各地から碧玉やひすいなどの
貴石が取り寄せられ、多くの職人がかかわり、
22年という長い年月をかけて建設された

息子にアグラ城に幽閉された
シャー・ジャハーンは、自らが計画した
黒いタージの完成を願いつつ、
毎日タージ・マハルを眺めていたという

タージ・マハルのモスクの先にあるアグラの火葬場。
毎日多くの火葬が行われている

インドではイスラム教徒以外は墓をつくらない。ヒンドゥーの教えでは、死後に肉体は滅びるが、魂はほかの人間か生類になって転生するので墓をつくる必要がないという理由からである。しかしながら、ヒンドゥー教徒でも功績のある著名人の墓はつくられている。ネールやM・K・ガンディーなど四人程度で、ガンディーはデリーの火葬された場に四分の一の遺灰が埋葬され、残りはガンガーに撒かれた。

一方、イスラム教では埋葬が行われるため、墓地が必要となる。ムガル帝国の歴代皇帝の墓は、観光地となっている。デリーにあるムガル帝国第二代皇帝のフマーユーン廟は、その妃によって一五六五年に建造された。一九九三年にユネスコにより世界文化遺産となった、インド・イスラム建築の傑作である。一階の基壇部分は各面が一七のアーチを有する外観、二階には赤い砂岩でできた八角形の墓室がある。八角形の側面には、白大理石を使用した精細な装飾が施されている。中央のドームは白大理石で、つくられている。中央に置かれた白大理石の柩は仮のもので、遺体はこの真下に安置されている。

また、インド北部アグラにあるタージ・マハルは世界一美しい墓とも呼ばれ、ムガル帝国第五代皇帝シャー・ジャハーン（在位一六二八～五八）の妃、ムムターズ・マハルの墓である。世界各地から碧玉やひすいなどの貴石が取り寄せられ、多くの職人のもと、二二年といわれる長い歳月と天文学的な費用をかけ、一六五三年に完成したとされ、一九八三年には世界文化遺産に登録されている。

赤い砂岩でできた正門を抜けると、正面に四部庭園があり、その奥にタージ・マハルが完全な左右対称の姿を現す。シャー・ジャハーンは、このあとジャムナ川の対岸に、黒大理石の自分の墓を立て、両者を橋で結ぶ計画を構想していたといわれる。

イスラムの教えにより、この世の終わりに

すべての墓から死者がよみがえり、アラーの裁きを受けるときまで、子孫代々に守られて安らかに眠り、妃とともに楽園へいたることを夢見ていたのだろうか。

しかしその夢はかなわず、息子のアウラングゼーブ帝（在位一八五八〜一七〇七）にアグラ城に幽閉され、亡くなった妃に思いをはせ、自ら計画した「黒いタージ」の完成を毎日願いつつも、七年後に亡くなることになる。死後は妃の横に葬られることとなった。すべてが左右対称にデザインされているなかで、シャー・ジャハーンの墓だけが唯一、非対称の存在となっている。

タージ・マハルの西側にはモスクがあり、信者による礼拝が行われている。イスラム教徒は火葬を行わないが、ジャムナ川に沿って、そのモスクのすぐ先のアグラ城の手前に、アグラの火葬場ある。ここでは毎日多くの火葬が行われ、煙をたなびかせている。

デリーのガンディー火葬の地。火葬された記念の地に黒大理石の碑がつくられている

デリーにあるフマーユーン廟。
高い基壇部分の上に八角形の墓室がある。
その上に白大理石のドームが載る。
タージ・マハルのモデルになった

終《つい》の風景

新旧の〝葬送観〟の対比を見せる「死者の家」

【イタリア・モデナ】

サン・カタルド墓地

San Cataldo Cemetery

所在地：41100 Momena, Italy
設計：　アルド・ロッシ
竣工：　1971年

3階建てのブルーの勾配屋根を持つ
回廊式のモーソリウム内部。
屋根の軽快さが伴う空間に花々が飾られている

ヨーロッパの近代的な墓地は、市街地の中心に位置する教会墓地から郊外へ移され、広大で高い塀をめぐらして死者の街をつくり上げている。イタリア北部エミリアロマーニャ州モデナのサン・カタルド墓地はその典型的な例である。この霊園はモデナ市の中心部より車で一五分ほど北上した郊外のサン・カタルド通りにある。

旧サン・カタルド墓地は、シーザー・コスタの設計により一八五八年に設営された公園風の墓地で、方形のモジュール割りと二つの直角が交差する軸線を主体としている。中庭を囲むれんが造りの一九世紀ネオクラシシズムの荘重な建築であり、墓は家族墓が多く、いくつかの中庭に思い思いの姿をみせている。

墓石の下に何層か柩が埋め込まれたもの、

旧墓地内、回廊正面中央にある、ドームを持つ円形の礼拝堂

旧墓地の回廊内にある第2次世界大戦の戦没者の碑。
両側の壁には名前が刻まれている

旧墓地の平面墓地は期限がくると改葬され、
次の埋葬を行うことで、有効利用が図られる。
遺骨は小さな骨壷に収められる

旧墓地内の軍人墓地。戦争で倒れた兵士や将校たちの墓が整然と並んでいる

建物風に家族の柩を壁に積み重ねたもの、戦争に倒れた兵士や将校たちの墓碑を整然と並べたものなど多様な形態の墓がみられる。これらを取り囲む建物の中には、ここで最後の別れを行う礼拝堂、建物の壁に遺体をそのまま納めるモーソリウムや遺骨を納めるニッチスペースがあり、建物全体が死者の街として機能している。

一方、この霊園の増設計画は国際コンペとして行われ、一九七一年にアルド・ロッシとジャンニ・ブラギエリの案が当選した。この新サン・カタルド墓地は、コスタ設計の旧墓地と同等の規模をもっている。その質の高さと、「都市の中の都市」「死者の家」という概念が建築思想としても今日に残るプロジェクトとして知られ、ロッシとブラギエリは新墓地の設計主旨を一四の項目に分けて、コンペに提出した。そこには内部空間と埋葬の方法が明確に表現されている。

「創生的な建物の集合体は都市を形成する。

旧墓地内部。回廊式のモーソリウムの中に平面墓地が並ぶ

新墓地納骨堂の内部。4層吹抜け内部の壁はすべて納骨棚となっている

新墓地モーソリウムと納骨堂。連続する回廊式モーソリウムに囲まれた芝生のオープンスペースの中央にモニュメントのように置かれた納骨堂は、方形の建物に正方形の窓が連なる

旧墓地と新墓地との境界に家族廟が並ぶ

旧墓地モーソリウムの内部。
重厚さのなかに歴史が感じられ、人気も高く再利用されている

その都市のなかの死を持ち合わせた個人の空間（墓）が、統御された市民的集合体（納骨堂）へと帰結するのである。墓地とは今でもこのように必要な明確さと通行の合理性を持ち合わせた公共の場所であり、正しい土地の利用を目指すものである」と述べている。

旧墓地との間に共葬墓地を挟んで新墓地はつくられ、共葬墓地はあたかもこれまでの墓地から新しい墓地への切替えの空間になっている。新墓地を三階建てのブルーの勾配屋根をもつ回廊式のモーソリウム二棟が囲んでいる。重厚さをもつ旧墓地のモーソリウムに対して、新墓地のモーソリウムには軽快さが伴っている。細長い回廊形式となっており、新墓地の区画を囲むように配置され、最大辺は一七五メートルにも達する。モーソリウムを建築化し、死者のための都市をつくり出しているのである。

この連続する回廊式モーソリウムに囲まれた芝生のオープンスペースの中央に、正方形の窓が連なる、茶色の立方体が建っている。死者のための都市のなかに、モニュメントのように置かれた、大きな吹き抜けの空間をもつ四層の建物で、エレベーターのシャフトもある。これは火葬された遺骨を納める納骨堂である。平面的に広がる個人の墓の集まりから、骨壺を納める納骨堂へと死者の魂が集約されていく。

内部はすべて納骨棚となっており、ブースごとに遺骨が安置される巨大な建物となっている。カトリック教徒の多いイタリアでは火葬率が低く、納骨堂はまだ空きスペースが多い。

コンペ時の図面やドローイングを現在の姿と比較すると、敷地内には芝生が広がり、墓地はなく、旧墓地と比較すると閑散としていて、未完成な印象も受ける。設計主旨のように、これはロッシが貧者を平場に埋葬する習慣を嫌い、すべての人を建物と納骨堂に葬ることを願った証であると思われる。

新墓地は「死者の家」を体現する聖櫃、納骨堂内部のロッカー式納骨棚、碁盤の目状の納骨棚など、建築エレメントによって囲い込まれた空間が都市のなかに死者の都市を形成している。新旧の立体墓所ともに表面のプレートは自由にデザインされている。また、多くの墓参者が訪れている証拠であろう、多くが花々で飾られ、納骨堂のプレートも同様で、自由に花が飾られ、日本の殺風景な納骨堂とは趣が異なっている。著名な建築家が設計した建物でも、人々の生活に根づいてこそ生かされるものであろう。

終《つい》の風景

共同墓地に増設された名作「ブリオン・ヴェガ墓地」

【イタリア・トレヴィーゾ近郊】

ブリオン・ヴェガ墓地

Brion-Vega Tomb & Cemetery

所在地：San Vito d'Altivole, Italy
設計：　カルロ・スカルパ
竣工：　1972年

ブリオン夫妻の墓地。ジョゼッペ・ブリオンが亡くなったあと、
妻のオノリーナがカルロ・スカルパに
自分の出生地の共同墓地で眠ることを望んで設計を依頼した

ブリオン・ヴェガ墓地へと続く細い道は、天に向かってのびるような糸杉の並木が囲んでいる

ブリオン・ヴェガ墓地は、ヴェネツィア本島から車で二時間くらい北上した、ヴェネト州トレヴィーゾ近郊にあり、サン・ヴィート・ディ・アルティヴォーレの共同墓地に、約二二〇〇㎡を増設してつくられた。

街の中心から、ブリオン・ヴェガ墓地へ続く道の両側は、天にのびるような糸杉の並木が続いている。共同墓地は、イタリアのどこにでもある一般的な墓地で、それぞれデザインが施された墓石が並んでいる。

ここに眠るジョゼッペ・ブリオンは、ラジオ職人から一代でヨーロッパを代表する家電メーカーのブリオンヴェガ社を築いた人物である。ブリオン・ヴェガ墓地は、ジョゼッペ・ブリオンが亡くなったあと、妻のオノリーナが、当時ヨーロッパで脚光を浴びていたカルロ・スカルパに、自分の出生地の共同墓地で眠ることを選び、依頼したもので、一九六九年に設計が始められた。

共同墓地の入り口から中に入ると、モダン

幾何学的なデザインの墓地の角の装飾

共同墓地の奥にブリオン一族の入り口がある

入り口棟は、太陽と月、男と女など陰陽の象徴となるシンボリックなふたごの円がモチーフに使われている

アーチの下に張られたガラスタイル。水面で反射した光が当たる

共同墓地から入り口棟に入るとふたごの円が目に入る。上三段だけ左側にずれる階段が訪問者を墓地に導く

蓮池の中のパビリオン。ここからブリオン夫妻の墓を見ることができる

なRC造のブリオン・ヴェガ墓地の入り口棟（エントランス）が、ほかの墓と並んでいる。入り口棟には、天と地、太陽と月、男と女など、陰陽の象徴であり、中世には信仰の対象ともなったシンボリックなふたごの円がある。これは、礼拝堂などさまざまなところにモチーフとして使われている。墓地には、池に囲まれたパビリオン、広い草地の中にあるブリオン夫妻の墓、親族の墓、礼拝堂、糸杉の庭が美しく配置されている。

夫妻の墓は、初期キリスト教時代の埋葬形式にならっている。ゆるやかなアーチの下で、対話を交わしているかのように寄り添いながら二つの柩が芝生がやや沈んだところに安置されている。

スカルパは、日本の美に影響され、日本を何度も訪れた。礼拝堂の内部には、日本の障子をイメージしたようなドアや屏風のように見える扉がある。礼拝堂の横には、モミジが美しい赤い葉をつけ、きれいに刈り込まれた

カルロ・スカルパの墓。ブリオン家の墓と共同墓地との間に眠っている。子息トビア・スカルパのデザインで、自分自身もここで眠ることをストーリーの中に入れていたかのようである

ツゲの木の緑とのコントラストが映える。墓地内の所々に日本の風景を彷彿させるデザインが組み込まれている。

スカルパは七八年一一月に仙台で亡くなっている。子息のトビア・スカルパのデザインによりつくられた墓は、ブリオン家の墓の外側で、共同墓地との間に位置している。スカルパは、自分自身もここで眠ることをストーリーのなかに入れていたかのようである。

ブリオン夫妻の墓。ゆるやかなアーチの下で対話を交わしているかのように寄り添いながら2つの柩が並ぶ。当初は床に水を張る予定であった

入り口棟にさし込む光。建物の凹凸が陰影をつくり出すとともに光が効果的に用いられている

ブリオン・ヴェガ礼拝堂の入り口。障子を思わせる建具があり、至るところに日本の影響が見てとれる

終《つい》の風景

海に浮かぶ墓地の島
サン・ミケーレ

【イタリア・ヴェネツィア】

ヴェネツィア湾に浮かぶサン・ミケーレ島。
れんが造りの城壁に囲まれ、糸杉の緑がこぼれる。
19世紀、ナポレオンが伝染病対策のため、
墓地の島をつくることを思いついた

サン・マルコ広場の鐘楼から、サン・ミケーレ島を望む。
手前の緑が多いのがサン・ミケーレで、奥に見えるのがガラス細工で有名なムラーノ島

ヴェネツィアは一一八の島が集まり、一五〇の運河と四〇〇の橋があるという街である。アドリア海、ヴェネツィア湾上の「ラグーナ(潟)」の上にカシなどの木材を打ちつけ、その上に造成された街であり、街中を運河が縦横に走る「水の都」として知られる。

地図を広げると、ムラーノ島との間にある島に目がとまる。さすがヴェネツィアというべきか、サン・ミケーレ島は丸ごと墓地で、まさに海に浮かぶ墓地の島である。

フォンダメンテ・タオーベ埠頭から水上バスで島に向かうことができる。ここは一五世紀に教会がつくられ、ナポレオンが市民の墓地として布告したと伝えられるところである。ヴェネツィアの島々の至る所にある墓が、ペストの感染の原因と考えられ、街から離れた、サン・ミケーレ島を墓地専用とすることが決められたのである。島全体がれんが造りの城壁に囲まれ、糸杉の緑がこぼれる。教会は一四六〇年代にマウロ・コドゥッチにより設計

入り口近くにある古い回廊のある墓地

され、白い大理石の外観で、ヴェネツィアにある初期のルネサンス教会のひとつである。

島の船着場から教会の中庭に出る。歴史に名を残す著名な人物の墓と記念碑はアクセスしやすい場所にある。回廊の床には、墓誌が嵌め込まれている。床の下にも柩が納められている。回廊のひとつを抜けると、高さ三メートルもある長い壁に、レリーフで飾られた墓誌が美しく並んでいる。

この島の墓地は、れんがの壁と白い大理石の回廊でいくつかの区画に分けられている。管理が行き届き、ある区画は墓標の白い大理石、赤い献花、それに糸杉や松の鮮やかな緑、別天地に舞い込んだような華やかさがある。また、ある区画では大理石の大きな板を型枠にしたモダンなデザインの家族廟が並ぶ。まるで現代彫刻の展示場のようである。埋葬がほとんどで火葬は少ない。柩のまま保存するモーソリウムもある。

遺骨を立体的に納める壁墓地の区画もある。

平面墓地に整然と墓碑が並ぶ。10年たつと掘り起こされ、遺骨は小さな器に納められ納骨堂に保管される

墓参しやすいように庇がつけられたモーソリウム。それぞれ花で飾られている。日常的に墓参りに来る人も多い

新しくできたモーソリウムの外観。ほかの区画と異なり、シンプルなデザインの箱の内側に柩が並ぶ

上のモーソリウムの内側。外部の印象と異なり、緑豊かな中庭があり回廊には柩が並ぶことになる

回廊の古い家族廟。飾られた花が墓参の状況を示す。名前、生存した年月、故人の写真が添えられる

平面墓地は糸杉が生い茂り、新しい区画はモーソリウムや遺骨を納める壁墓地がひしめいている。ひとつの棚に、個人、夫婦単位で納められる。大理石の蓋が墓誌にもなっている。名前、生存した年月、それにセラミックに焼きつけられた故人の写真が添えられている。季節の花々、ランプ状の明かりが彩りを添え、明るい雰囲気となっている。壁越しには教会の塔が見える。一五世紀と現在が同居しているかのようである。日常的に墓参に訪れる人が多く、それは献花の状況に現れている。

しかし、島のスペースは限りがある。埋葬は狭い墓地にきつく押し込まれて行われる。無料の墓地はおよそ一〇年経過すると掘り出されて、遺骨は小さな容器に移され、保管される。入り口にある掲示板には、遺骨を掘り返す時期が示されている。役目を終えた大理石の十字架が無造作に積み重ねてある一角もあった。再募集が行われ、狭い墓地の有効利用がなされている。

土地が狭いヴェネツィアでは、都市の住民が近くの島の上に墓地を築きあげるのを奨励し、生者と死者の都市を切り離した。とはいえ、この海に浮かぶ壁で囲まれた墓地は、イタリアにある大部分の墓地のように、そのすばらしい景観を外から見ることはできない。閉鎖された墓地内では、ヴェネツィアらしい雰囲気も味わうことができない。

一九九八年にヴェネツィア市議会によって開かれた国際コンペで、建築家デヴィッド・チッパーフィールドの提案は、正確にこの問題に対処しようとするものであり、海上墓地のために、二段階の提案がなされている。

第一段階は、火葬場と関連する施設の建設である。その中には遺骨を安置するための納骨堂の計画が含まれ、既存墓地内の建物の同じ方向に配置されている。第二段階では、現在の墓地から切り離してさらに墓地を設け、運河に二つの橋を設けて結ぶものである。この新しい区画は、一連の水平面として計画され、納骨堂は運河の向こうの建物と同じ要素でつくられ、都市の雰囲気を創出するために、ボリュームがもたされ、通りと広場を構築するように置かれている。

しかし、改葬、再貸付けと墓地の再生が行われ、埋葬の余地もまだあるため、この案は実現されていない。

モーソリウムとニッチ。空いている壁のニッチスペースに遺骨を納めるニッチが設けられている

終《つい》の風景

木立のような円柱ホールを持つ火葬場

【ドイツ・ベルリン】

バウムシューレンヴェグ・クレマトリウム
BAUMSCHULENWEG CREMATORIUM

所在地：Kiefholzstr. 221, 12437 Berlin
設計：　Axel Schultes Architekten
火葬炉：3基＋増設スペース3基
竣工：　1998年

木立のホール。打放しコンクリート造の大きな空間に
29本の丸柱がランダムに立てられている。
この空間で会葬者は葬儀の前後に集り、木立のなかに隠れるように
語り合い、悲しみ、亡くなった人に別れを告げる

ほかのヨーロッパの都市と比較すると、ドイツ・ベルリンの街の歴史は八〇〇年にも満たない短いものであるが、類を見ない歴史をもっている。

特に一九二〇年代はベルリンに華やかな文化の花開いた時期で、斬新な演出の舞台、黄金期を迎えた映画、アップテンポのバリエ（レビュー）、ほかに類を見ないナイトライフなどでベルリンは黄金の二〇年代の中心地になった。しかし三三年以降、ヒトラーの政権掌握によりユダヤ人、共産主義者、同性愛者、政権に反対する者など多くの人々に対する迫害が始まった。ナチスによる独裁政治、第二次世界大戦で、街は破壊され瓦礫の山となった。東西冷戦を受け、六一年に東側から壁がつくられはじめ、ベルリンは分断、人々は東西に引き離された。

八九年、東西を隔てていた壁が崩壊し、街には歓喜の人々があふれ、九〇年にはドイツは再統一された。これによってベルリンは連

中央の木の奥に見えるのは旧火葬場時代の入り口の門。墓地もここから入る

邦政府所在地となった。九九年には旧帝国議会議事堂が新装され、最初の全体会議が開かれた。その後再び首都となったベルリンは多くの変化を経験した。

旧東ベルリン郊外にある、緑豊かな墓地に併設されたバウムシューレンヴェク・クレマトリウムは、東西ドイツ統一後の九八年に改築が完成した。旧火葬場は一三年に建設されたもので、九五年まで使用されていた。

九二年に国際コンペで、アクセル・シュルテス＋シャルロッテ・フランクの案が選ばれた。

森の中に、約五〇×七〇メートル、高さ一一メートルのコンクリートのキューブにガラスの開口部を持つこの火葬場は、一〇メートルほどが地下に埋められている。

会葬者は、残された旧火葬場の門を抜け、並木に沿って火葬場に向かって歩く。

打ち放しコンクリート造の一階中央は、木立のように二九本の丸柱がランダムに立てられた大きな空間となっている。上部からは光がさし込み、森の中にいるようで、時間の経過とともに光は移動していく。中央には円形の水盤がある。

ここは木立のホールと呼ばれ、この空間で会葬者は葬儀の前後に集まり、木立のなかに隠れるように、語り合い、悲しみ、亡くなった人と別れを告げる。木立ホールはすべての会葬者が共有する空間で、大小三つの礼拝堂が囲む。大ホールは二五〇名、小ホールは五〇名の席が用意されている。

礼拝堂は遺族の悲しみと別れのさまざまな表現を受け止めることになる。それらは墓地とアプローチの中心線の上にある。祭壇の横には十字架が置かれている。自動化されたルーバーは、日の光と周りの緑の景色を調整する。ベルやオルガンも置かれ、告別式は伝統にのっとって行われている。

告別のあと、祭壇の柩はそのまま地階へと昇降機で下ろされる。地階には、柩の保管を

火葬場の外観。会葬者は旧火葬場の門を抜け並木に沿って歩き、入り口に向かう

大礼拝堂の内部。祭壇の横には十字架が置かれ、自動化されたルーバーは、日の光と周りの緑の景色を調整する

木立のホールの所々に設けられたスリットからは緑が見え、外部との一体感がもたらされている

木立のホールの中央にある水盤。誕生を象徴する印が映り込んでいる

する低温の安置室と、火葬炉が配置されている。安置室は六五二体の柩を安置することができる。火葬炉は三基で、もう三基増設が可能である。火葬炉は二四時間稼動で、自走式の柩運搬車により柩は運ばれ、自動的に火葬炉に納められる。一日平均で五八体が火葬されている。

　別の礼拝堂で別れを終えた遺体は、会葬者の入り口と反対側からアプローチし、地下へ導かれる。受付けのあと、柩保管室で火葬の順番を待つことになる。

　火葬炉は数百の遺体を扱うことができるが、火葬場の持つ気高い雰囲気は、木立のホール、礼拝堂、納骨堂の融合からきており、やわらかくすべてが統一され、穏やかに並んでおり、そこからは謙遜や尊厳が感じられる。

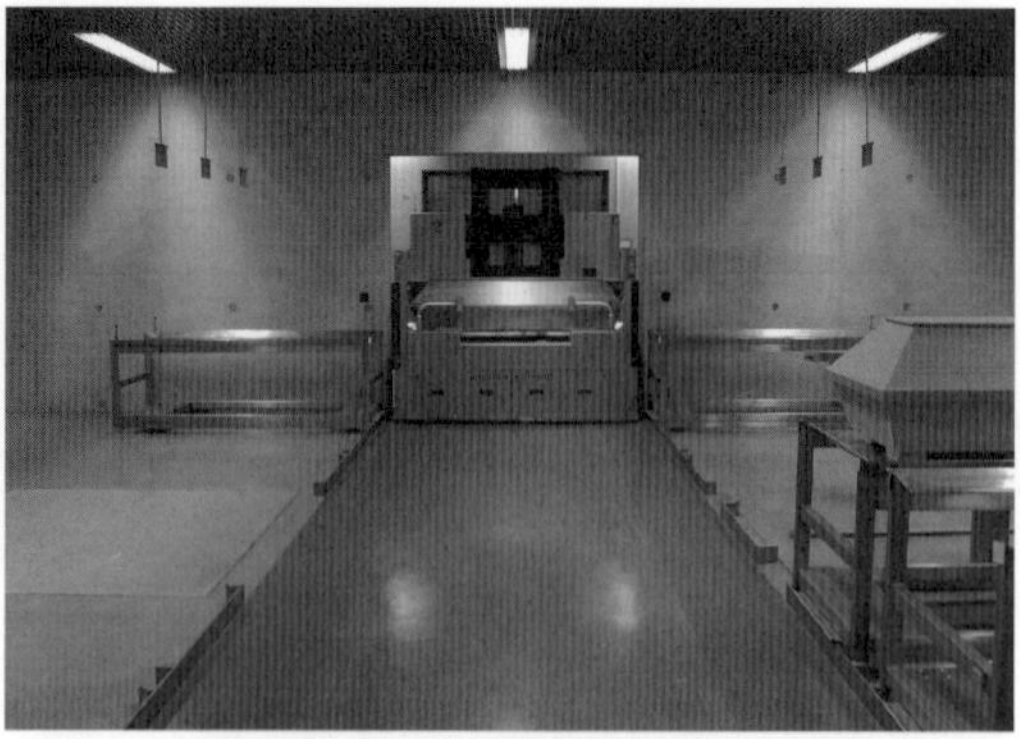
受付けで手続きを終えると、柩は柩運搬装置により
柩安置室に移され、火葬の時間になると
自動的に炉前ホールに運ばれる

柩昇降装置。告別のあと祭壇の柩はそのまま地下へと
昇降機で下ろされる

炉前ホール。火葬炉は3基で、もう3基の増設も可能である。
24時間稼働する

大礼拝堂入り口部分を見る。アプローチからの中心線に沿ってガラスのスリットが設けられている

柩が並ぶ柩安置室。652体の柩を安置することができる

森の火葬場
Woodland Crematorium Stockholm
所在地：Skogskyrkogården, Sockenvägen492,
Enskede, Sweden, Sweden
設計：　エリック・グンナール・アスプルンド
火葬炉：4基
竣工：　1937年

大礼拝堂のエントランスから
睡蓮の池越しに瞑想の丘を眺める

終《つい》の風景

市民に愛され世界遺産となった「森の火葬場」

【スウェーデン・ストックホルム】

スウェーデンは一九九二年に福祉政策エーデル改革を断行し、高齢者や障害者への社会サービスや健康管理の責任を、すべて地方自治体が引き受けることになった。持続可能な社会を目指し、次世代に対する責任が、福祉政策においても環境政策においても貫かれている。

スウェーデンでは、国民の約八八パーセントが国教とされてきた福音ルーテル派キリスト教に属している。一六世紀から数世紀間にわたって国教は続いてきたが、長く続いたこのシステムも、二〇〇〇年には廃止された。

国教の時代は、教会税を納付することで葬送に関するサービスを受けられたが、国教の廃止により、強制的に収入に基づく葬儀納付金（埋葬税）を納めることになり、宗教に関係なくサービスを平等に受けられるようになった。国教の廃止は移民の受け入れや、多くの国際交流により多様な文化や宗教観が流入したことが要因にある。

ミンネスルンド（P.81参照）。火葬された遺骨の半数はミンネスルンド（墓碑がない墓地）にまかれる。遺族は立ち会えず、どこにまかれたかは知らされない。のちに献花の場がつくられた

ストックホルム市の人口は約七六万人で、年間約八〇〇〇人が亡くなり、九〇パーセントが火葬されている。市内に墓地は一一か所あり、そのうち、火葬場を併設している墓地は南北に一か所ずつある。市の墓地局によって管理される墓地は、市民の誰もが自由に利用できる。埋葬税は所得の〇・〇七パーセントで、礼拝堂の使用料、火葬または埋葬料、遺体の運搬費用（霊柩車代）、二五年間の墓地の使用が無料である。葬儀に必要な花などは遺族が用意する。

森林墓地、スコーグスシュルコゴーデン(Skogskyrkogården)は市の南部にある。駅名もそのままである。火葬場もその中にあり、「森の火葬場」と呼ばれている。墓地全体は一〇二ヘクタールで、一九一七年に建設が開始され、全体は四〇年に完成した。合計八万五〇〇〇基の墓があり、約三〇万人が埋葬されている。火葬炉は四基である。

この森林墓地は、二〇世紀初めにストックホルムの埋葬地の拡大に迫られ、北部に加えて、第一次世界大戦後の一四年に市民の墓地として整備が進められたものである。尊厳性や芸術的な品格、建築と植生やランドスケープとの調和を確実に求めたため、一五年に国際コンペが行われた。

一等はエリック・グンナー・アスプルンドとシーグルンド・レヴェレンツであった。まず墓地の計画が何度も練り直され、それぞれに担当した建築が形になっていった。アスプルンドは森の礼拝堂を設計し、二〇年に完成させた。木造のシンプルなデザインで白い列柱群に白い壁と黒い屋根が松の高い林にとけ込んでいる。レヴェレンツは二五年に復活礼拝堂を完成させる。

スウェーデンでの火葬は、ヨーロッパにおける火葬普及の流れのなか、二〇年代の後半から活発になっていった。火葬数の増加により、三五年には墓地内に火葬場がつくられることが決まり、これ以降の仕事はアスプルン

小礼拝堂(希望の礼拝堂)の内部。ハイサイドライトからの光がさし込み、柩のまわりは花で飾られる

瞑想の丘から見た火葬場の全景。3つの礼拝堂はそれぞれ専用の入り口を持ち、
中庭と待合室でひとつのユニットを組む

大礼拝堂、聖十字架礼拝堂の入り口と睡蓮の池。列柱のエントランスが会葬者を迎える

聖十字架礼拝堂は柩を取り囲むような形式で300席が配置され、
会葬者の視線が霊柩台と柩に注がれるようになっている。
正面と側面に描かれている「生・死・生」というタイトルのフレスコ画はスヴェン・エリクソン作

ドに任せられた。火葬場は四〇年に完成した。

火葬場には二つの小さい礼拝堂と、大礼拝堂が併設され、それぞれ独立したエントランスを持ち、中庭と待合室でひとつのユニットを組み、会葬者集団の個別化が図られている。作業スペースは、それぞれのユニットの後方および地下のフロアで結ばれている。柩搬入口から運び込まれた柩は、すぐに冷蔵設備を備えた保管室に置かれる。

火葬場内で葬儀が行われる場合、葬儀開始前に柩がリフトで上階の礼拝堂に上げられ、霊柩台のまわりは花などで飾られる。

三つある礼拝堂は柩を取り囲むよう座席が配置され、それぞれ異なった壁画で装飾されている。特定の宗教を示すものは建物からは除かれているが、祭壇に飾るため十字架は用意されていた。

会葬者の焦点は霊柩台と柩に注がれる。霊柩台のまわりに四本のろうそくが立てられ、周囲は花などで飾られている。告別式の終了後、柩に砂が三回かけられる。そのあと柩は埋葬されるようにリフトによって地下に下げられる。

ここで会葬者は退室する。遺族も炉前ホールでの柩の見送りには立ち会わない。火葬をする前に炉前ホールで告別を行う習慣があるヒンドゥー教徒などには希望があれば立ち会いを行っている。

火葬前に故人を証明するセラミック製のプレートが用意される。炉前ホールに柩が置かれたら、プレートを作業室内側に移す。そのプレートが誰の焼骨なのかの証明となり、火葬が終わると職員が焼骨を集め、粉骨にしたあと、プレートを一緒に骨壺の中に入れる。

教会から墓地を分離することにより、墓参りの習慣ができたといわれている。スウェーデンの特別な墓参日は諸聖人の日All Saints Day（一一月の最初の土曜日）と呼ばれている日である。あらゆる墓でろうそくが燃えているのを見ることができる。もちろんたくさんの人々が、春と夏にも墓地を訪れている。

ストックホルム市では火葬された遺骨の半数はミンネスルンド（墓碑がない墓地）にまかれる。残りは家族墓などに埋葬される。遺骨をまく場合は墓地または教会関係者のみで行い、遺族は立ち会えず、どこにまかれたか特定はできない。特定されると目印がつけられ、それがお墓となるからである。場所が特定できないため不満を感じる遺族も見られたため、献花の場所が決められている。一方、一般の墓地は、木立のなかにある。アスプルンドがつくった森のそのなかで人々は眠る。チャペル外側の芝生にある建築家発想の堂々とした御影石の十字架は匿名の寄贈者によるものである。

アスプルンドは火葬場が完成した四か月後の一九四〇年に没した。ここで火葬され、礼拝堂の北側で眠っている。簡素な墓碑銘には「彼の成したことが生きている」と記されている。建設後六〇年以上が経過したが、現在もほぼ当時のままの形で使われ、世界遺産に登録されるほど市民に愛されている葬送空間である。

アスプルンドの墓。中央の簡素な墓碑銘には「彼の成したことが生きている」と記されている

入り口の石積みの壁のアプローチを抜けると、手入れが行き届いた瞑想の丘の芝生が広がる。
その左手に火葬場までのアプローチ上に十字架が置かれている

墓地の入り口を抜け火葬場までの石畳のアプローチに沿って、火葬用の壁墓地が続く

木立のなかにある墓地。アスプルンドがつくった森のなかで人々は眠る

森の礼拝堂。白い列柱群に白い壁と黒い柿葺きの寄棟屋根のシンプルなデザインが
松の高木の林にとけ込んでいる。1920年完成

地下の柩安置室。他の礼拝堂などで告別を終えた柩もここに集められる

炉前ホール。通常遺族は立ち会わないが、希望すれば立ち会いも可能

火葬炉。柩は前から入れられる。
焼骨は下に落ちるようになっており、
職員が下のボックスにかき落とす

焼骨はボールミルで粉骨にされる

火葬炉室に並べられた骨壺

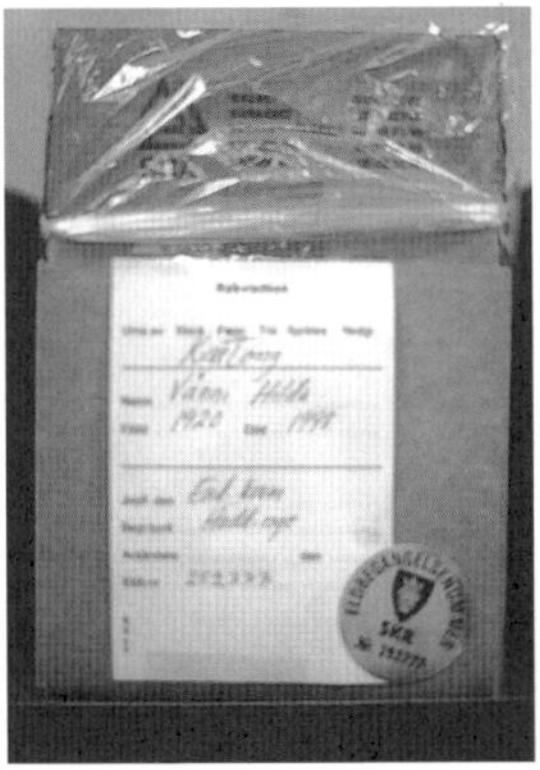

焼骨は一週間後に引き取るか、
宅配便で送られる

終《つい》の風景

津軽の風習を重んじ
岩木山に向けられた斎場

【日本・弘前】

弘前市斎場

所在地：　青森県弘前市
設計：　　前川建築設計事務所＋ミド同人／仲邑孔一
敷地面積：21,245.35㎡
延床面積：1,629.83㎡
火葬炉：　5基＋予備スペース1基
動物炉：　1基
竣工：　1983年

炉前ホールは優劣が出ないように、
火葬炉を単に一列に並べるのではなくV字状に並べ、
隣の炉を意識しないように化粧扉を奥に引き込んだ

杉山を背に火葬棟の大屋根が会葬者を迎える

青森県弘前市斎場の敷地は三三もの寺が集まる市内の禅林街を抜けたところにある。古い施設を使いながらの建て替えで、設計者はこの場所を一目見て気に入り、敷地の裏手にある杉山をうまく取り込みたいと考えたという。そこで弘前市に交渉し、敷地に組み込むことになった。また、この地の風習では亡くなるとすぐに火葬し、そのあとに禅寺で葬儀を行うため、式場は不要であった。弘前の人々の火葬場に来る慣習をなくさないよう、遠方には建てたくないと考え、したがって市街地から近い場所にある、現地での建て替えとなった。

　杉山を少し削り、りんご畑をならして平らな部分に盛土し、進入路の勾配を少なくした。岩木山に向かって煙が上り、山に向かって死者を葬れるよう、火葬棟の背とした。駐車場を一段下げてりんご畑が見えるようにし、借景としている。敷地内の桜の木は残された。旧火葬場の赤れんがの煙突を残す予定であったが、工事中に秋田沖地震で倒壊したため、そこには霊灰塔が設けられた。凍害を考え火葬棟の屋根と車寄せの屋根は一体化した。車寄せの豊かな屋根が天候の悪い日でも葬列をすっぽりと覆うようになっている。

　前川國男は「溶岩が迫り出したところで燃やしたい」ともらしたといわれ、設計担当の仲邑孔一は炉前ホールの入り口と奥で優劣が出ないようにと考え、火葬炉を単に一列に並べるのではなく、V状に並べている。会葬者に隣の炉を見せたくないという理由から、化粧扉を奥に引っ込め、隣の炉を意識せずにすむように配慮した。全体にやわらかさを出すため、化粧扉まわりは丸い形としており、あたたかみが感じられる。それが従来のイメージの払拭にもなっている。

　この地では信仰心が強く、火葬場にも僧侶が同行するため、炉前ホールはお経がよく聞こえるよう、大きなホールとし、音響も考えられている。また炉前で待つ人がいるため、炉前ホール奥に待つスペースを設けている。そこからはシンボルである岩木山が見えるようになっている。

　建築計画でポイントとなったのは、拾骨をどうとらえるかであった。集中して拾いたいという声を取り入れ、拾骨は残った人がそのあとの面倒みるという証と考えられた。遺族

裏山の杉林から火葬棟が見え隠れする

にとって拾骨は重要な儀式なので、拾骨室だけは独立しており、炉前ホールとのバランスや位置関係を考え配置されている。ここでは拾骨時も読経を行う。

炉前からすぐ待合室に誘導されたときに快くない印象を持った設計者自身の経験が生かされ、無料の待合ホールからも火葬の様子がわかるようにし、振り返ると炉の雰囲気（火の気）が感じられるようされている。

津軽は死んだ人と、生きている人とのつながりが深い土地柄である。津軽の風習では、集まった人たちが亡くなった人を肴に酒を飲み、にぎやかに振る舞う。したがって待合では酒を飲むことが多いため、個別の待合室は火葬棟から離された。渡り廊下は年配者が多いのでスロープとされ、このスロープで俗界と現世とを分けている。渡り廊下は、現世と黄泉《よみ》の国との黄泉平坂《よもつひらさか》を思い起こさせる。

裏の杉山から望む岩木山

待合室棟の外観。渡り廊下のスロープによって現世と黄泉を分けている

個別の待合室にあるホールから中庭を望む。右手に火葬棟が見える

炉前ホールから一般の待合ホールを見る。
炉前ホールには扉がなく、待合ホールからは炉の雰囲気が感じられるようになっている

コラム column

火葬を知るキーワード

火葬 遺体を葬るために、これを焼くことをいう。

火葬場 火葬を行うために、火葬場として都道府県知事の許可を受けた施設をいう。

火葬炉 火葬を行うための設備。主燃焼室と再燃焼室で構成され、排ガスを処理する設備が備わる。

告別 告別室や炉前ホールで故人を確認し、最後のお別れを行う行為。

化粧扉 火葬炉本体の扉前に設けられた炉前ホールの扉。ホールの仕上げに合わせた意匠が施される。

拾骨 火葬後の骨を拾い、骨壺などに納める行為。骨あげ、収骨ともいう。日本では施設の職員でなく、会葬者が行うため、本書では日本国内の火葬ではこの表記とした。

収骨 火葬後の骨を壺などに収める行為。または、戦場などで放置されたままの戦没者の遺骨を、埋葬するために集めることも意味する。

台車式 火葬炉の形式のひとつで、耐火台車の上に柩をのせて燃やす方式。火葬終了後そのまま台車ごと炉前に引き出される。

台車運搬車 火葬炉の耐火台車を炉前ホールから拾骨スペースまで運ぶ台車。

野焼き施設 上屋を持たずに、石で組んだ簡易な炉で、薪を組んで燃やす火葬場。野天火葬場ともいう。

納棺 火葬炉に柩を納めること。

柩運搬車 入り口で霊柩車から柩を受け入れ、炉前ホールまで柩を運ぶ台車。

見送り 炉前ホールで柩が火葬炉に納まるのを確認し、見送る行為。

見送りホール 柩が火葬炉に納まるのを見送る場所。炉前ホールと区別される。

炉室 火葬炉が設置されている部屋。機械室、作業室などとも表記される。

ロストル式 火葬炉の形式のひとつで、火格子(ロストル)の上に柩をのせて燃やす方式。焼骨はロストル下の骨受け皿に落ち、炉前では骨受け皿を引き出す。

炉前ホール 火葬炉へ柩を納めたり、焼骨を引き出したりする場所。火葬炉の扉の前に設けられ、炉前室ともいう。

第二章

火葬の国・日本

日本の火葬

火葬という葬法

葬祭は死者を弔う儀式（葬儀）と、死者を葬ったあとにその霊をまつること（祭祀）から成り立っている。地域の慣習により、行われる行為には違いは見られるが、残された人たちが死を悼んで、死者を弔う気持ちに変わりはない。

健康で文化的な最低限の生活を守るための生活保護法（一九五〇年制定）で保障される最低限度の生活においても、遺体の運搬、火葬または埋葬、納骨そのほか葬祭などに葬祭扶助を行うことができるとされている。葬祭を行うことは文化であり、生活水準を維持するために必要であり、各種保険からも葬祭料が支払われ、人を弔うことは残された人たちに認められた権利である。

日本の火葬場は、東京など一部地域での明治時代からの民間経営のものと、地域の共同作業で火葬が行われる集落管理のものを除き、大半が地方公共団体によるものである。利用地域の拡大や施設の整備費用、施設の水準維持の観点から広域行政

◉火葬をめぐるおもな出来事

- 一八七三（明治六）　火葬の全面禁止
- 一八七五（明治八）　火葬禁止が解かれ（五月）、火葬場の設置基準が通達される（六月）
- 一八七七（明治一〇）　コレラ大流行
- 一八七九（明治一二）　府県衛生課事務事項を定める
- 一八八四（明治一七）　墓地及埋葬取締規則公布
- 一八八八（明治二一）　東京市区改正委員会で火葬場の位置を決議
- 一八九七（明治三〇）　伝染病予防法制定、法定伝染病者死亡の火葬を定める
- 一九一五（大正四）　全国の火葬率三六・二%、火葬場数三万六六四五四か所
- 一九一八（大正七）　火葬場数が統計上最大となる（三万七五二二か所）
- 一九二三（大正一二）　重油燃料によって火葬時間が約一時間半に短縮
- 一九二五（大正一四）　昼間火葬が許可される（東京市堀之内葬斎場）
- 一九三五（昭和一〇）　全国の火葬率五一%、

火葬場数三万四七一八か所
一九三七（昭和一二）動線計画のはじまり（東京市瑞江葬儀所）
一九四七（昭和二二）埋火葬の認許等に関する件公布
一九四八（昭和二三）墓地・埋葬等に関する法律公布
一九五〇（昭和二五）建築基準法公布
最後の木造寺院風の火葬場（高岡市斎場）
一九六五（昭和四〇）全国の火葬率七一％、二万四一五三か所
一九六六（昭和四一）灯油炉の登場（新湊市火葬場）
一九六八（昭和四三）都市計画法公布
一九七三（昭和四八）直上再燃焼室により短煙突化（古河市斎場）
一九七六（昭和五一）見送りホールの登場（豊橋市斎場）
一九七九（昭和五四）炉前室（冷却室）つき火葬炉の登場（伊豆斎場）
一九八〇（昭和五五）全国の火葬率九一％、火葬場数一万五三九三か所
一九九五（平成七）全国の火葬率九八・五％、火葬場数八四九九か所
二〇〇五（平成一七）ＰＦＩによる火葬場の登場（越谷市斎場ほか）
二〇〇七（平成一九）全国の火葬率九九・九％、火葬場数五〇〇四か所（うち日常使用一七二一か所）

の対象となり、一部事務組合で運営されているものも多い。

大正四（一九一五）年の全国の火葬率は三六・二パーセント（衛生年報）でまだ土葬が多かった。その当時火葬率が五〇パーセント以上と普及していたのは北海道、東京、新潟、富山、石川、福井、大阪、広島、香川である。特に富山、石川では、ほぼ一〇〇パーセントが火葬であった。東京や京都、大阪などの都市部では江戸時代から火葬が行われてきた。また、火葬を推進してきた浄土真宗が根強い地域を中心に行われていたが、その隣接県では火葬率が大きく異なるところも見られ、同じ県内でも、地域によって差が見られるなど、火葬の普及には宗教的な要因よりも、地域の慣習的な要因が大きいものと思われる。

現在、自治体の条例などにより土葬禁止区域が制定されている場合もあるが、土葬が禁じられているわけではない。旧伝染病予防法によるもの、または現在の法律で定められた感染症で亡くなった死亡者以外は火葬の義務はないが、かつては火葬がほとんど行われていなかった地域でも経済の成長とともに火葬場が整備され、火葬が広まっていった。平成一二（二〇〇〇）年の全国の火葬率は平均で九九パーセント、すべての都道府県で火葬率が九五パーセントを超えている。平成一九（二〇〇七）年の火葬率は九九・九パーセントで、日本で行われている葬法のほとんどが火葬となった。

また同時に、火葬場数が多いのも日本の特徴であり、地域の集落ごとに火葬場を持っていた。現在、最も古い全国統計の報告である大正三（一九一四）年の衛生年報

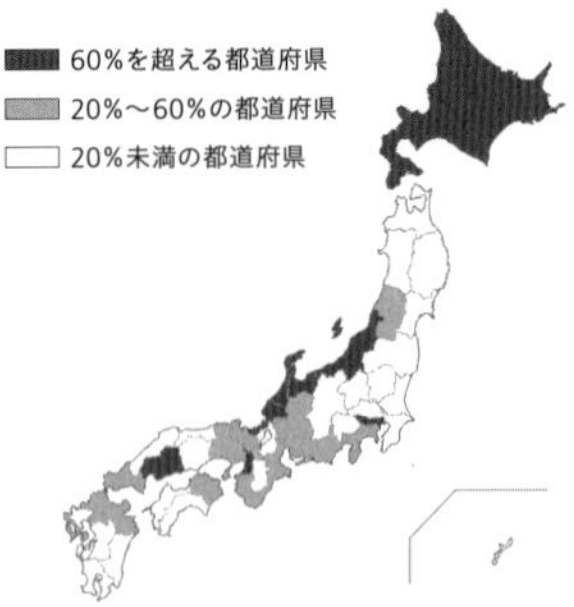

一九一五年（大正四）年の火葬率

を見ると、「本年末現在ノ火葬場ノ総数ハ三萬六千百五十六箇ニシテ」と記されている。大正七（一九一八）年に三万七五二二か所と最高になるが、その後は減少することになる。平成一九（二〇〇七）年には、火葬場数は五〇〇四か所まで減少した。そのうち恒常的に使用されている火葬場数は一七一一か所である。

統計上の火葬場数が減少している一方、死亡者数は増えていることもあり、都心部では葬儀を含めた予約がとりにくいこともあり、火葬場不足が指摘されている。また、火葬場数の減少は古い火葬場が廃止され、火葬場が整備することができないためではなく、野焼き施設の整理が進んでいるためである。統計数のなかには、現在使用されていないが廃止されずに残っている野焼き場もまだ多く含まれているため、今後も統計上の火葬場数は減少していくであろう。

原風景としての野焼き

日本の火葬場の特質として、近年その姿をほとんど消した簡易火葬場の数の多さが挙げられる。これらは都市部の火葬場を除き、ほとんどが野焼き場であった。都市部では都市施設として火葬場が位置づけられるようになったが、地方では集落の共同作業として行われ、火葬が普及した地域では集落ごとに野焼きの火葬場が設けられてきた。

明治三〇（一八九七）年に制定された旧伝染病予防法により、伝染病による死亡者

昭和二三年当時の
新潟県黒埼村木場の
野焼き場へ向かう葬列のようす

には火葬が義務づけられた。火葬場を所有していなかった市町村では、簡易な火葬場を建設し対応したところもある。集落墓地の一角に石を組んだ炉だけがある野焼き施設もあり、この施設は遺体の衛生的処理が目的であるため、宗教的意味合いに基づくものではない。

明治以前から火葬が一般的であった新潟の蒲原平野に位置する旧岩室村の民俗史料から、いわゆる野焼きの様子を見てみよう。それによると、野焼きの設営はノゴシラエ、あるいは死導組と呼ばれる相互扶助で行われていた。葬式の前日、子どもたちが組中に知らせて歩く。一夜明けて、稲わらを五わまとめて、これを二わずつ持って葬礼場に集まる。死者を出した家のタモの木（サトトネリコ）を一本切る。鎌で十文字の穴を彫り、杭を四本打ち、四隅に一本ずつの焼の杭を打って計八本で真四角をつくる。縄を張って、わらを並べて縄で一わずつ締める。上は組編みにして、火のたき口はわらを一段あけて枠をつくる。いちばん下に杉皮を入れ、その上にタモの木を置く。ヨシでヒガクシをつくっておく。葬列が到着すると柩をのせ、わらをたくさんかぶせ、ヒガクシをかける。火葬に要する時間が長いため、生木を使い、全体の熱を逃がさないような工夫が見られる。

野焼き場は葬礼場《そうれば》とも呼ばれ、そこでは火葬だけでなく葬儀も行われていた。自宅から火葬場まで葬列が組まれ、野辺の送りが行われる。野焼き場の特徴は、場所や建設された年代によって多少の相違はあるが、新潟県西蒲原郡における昭和二八（一九五三）年当時の火葬場台帳や現存する野焼き施設を見ると、おおむね次のとお

新潟県旧味方村の野焼き場を描いたスケッチ

新潟市に残る、旧黒埼・木場の野焼き場跡。炉が二つあったため六本柱で構成されている（二〇〇四年撮影）

りである。

［炉］　上屋のない簡易な構造を持つ炉で、コンクリートブロック製、石造、耐火れんが積みなどがある。大きさはまちまちであるが、座棺用と寝棺用に大別される。敷地のほぼ中央にある。

［待合棟］　ほとんどの野焼き場に設けてある。木造瓦葺き、下見板張りがもっとも多いが、設置年が新しいところではコンクリートブロック造なども見られる。間口二間、奥行き一間半程度の規模で、多くは敷地の西側に位置している。薪を燃料としていたため、火葬にはひと晩かかっていた。したがって遺族が待つ場所ではなく、火葬を行う人の休息の場であったり、葬儀用の祭具置き場を兼ねていた。

［地蔵堂］　独立した屋根つきの地蔵堂を持つ例は少ないが、待合棟の一部に地蔵を安置したり、野仏としてまつってある。

［祭壇］　コンクリート製の祭壇が設けてある。もともとは葬儀ごとに祭壇を設置していたものが、恒久化したものと思われる。炉の前にある。なかには読経舎として屋根を設けているところも見られた。上屋を設けた火葬炉を持つ火葬場の場合、斎場として明記されている。

［四本柱］　ほとんどの野焼き場に設置されている。炉の周辺にコンクリート製または木製の柱を立てて貫でつなぎ、東西方向に平行に配置されている。

　このように野焼きによる火葬が浸透していた地域であったが、黒埼村木場（現新潟市木場）では、昭和三五（一九六〇）年三月に「冠婚葬祭について」などの生活改善事項が決議された。そのなかには「野辺の送りを簡素化する」ことが申し合わされた。同時にそのころから野焼き施設も使用されなくなった。平成五（一九九四）年に地域一体の野焼き施設の整理が行われ、旧西蒲原郡内のすべての野焼き施設が廃止され、台帳上では野焼き施設はなくなったが、当時の面影を残したまま、残っているものもいまだ見られる。

野焼き場ではきれいに骨を残す燃やし方について、それぞれで工夫がなされていた。薪だけでなく灯油などの補助燃料を使ったり、石の組み方や薪の積み方にも工夫がなされている。インド各地の火葬を見ても、日本の野焼きの様子と変わりはない。遺体の周りに薪がきれいに積まれ、火葬が行われる。会葬者らが全員で火葬を見守っている。また韓国では高僧の野焼きの火葬が現在も行われており、金属製の

旧黒埼・北場の野焼き場（2005年撮影）

会葬者が全員で見守る、インド・アブラでの火葬

多くの僧侶が見守るなかで行われた
韓国・高僧の野焼きによる火葬

明治初期に来日した考古学者モースが描いた千住火葬場のスケッチ

台座の上に柩をのせ、薪の積み方には工夫が見られ、骨だけをきれいに残すように燃やされている。このような火葬を全員で見守る野焼きの風景は、アジア独特の文化であろう。

地域の共同管理の野焼き場は、現在はほとんど使用されていないが、各地にはまだ痕跡が見られる。しかし、文化的価値はないとみなされ、近い将来、消えていくかもしれない。

明治初期の火葬禁止と再開

このように、火葬がさかんな日本でも、火葬の普及は順調だったわけではなく、時の政策の影響を受けてきた歴史がある。

一九世紀後半、江戸幕藩体制が崩壊し、代わって明治新政権が樹立、徳川慶喜から朝廷への大政奉還が行われ、激動期を迎えることとなった。明治新政府は明治二（一八六九）年の版籍奉還や明治四（一八七一）年の廃藩置県によって、天皇を中心とする中央集権国家の仕組みを整え、四民平等の政策により身分制度を廃止した。また、富国強兵・殖産興業の政策によって、近代的な軍隊を誕生させ、近代産業の育成を図り、地租改正によって財政の基礎を確立していくことになる。

全国一律の戸籍をつくるための準備として、政府は明治四年に戸籍法を制定し、編制の単位として区を設置した。翌年には江戸時代からの庄屋、名主、年寄、大庄

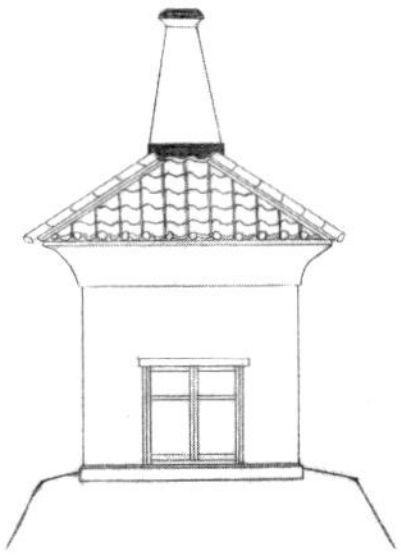

千住火葬場の別火屋の外観

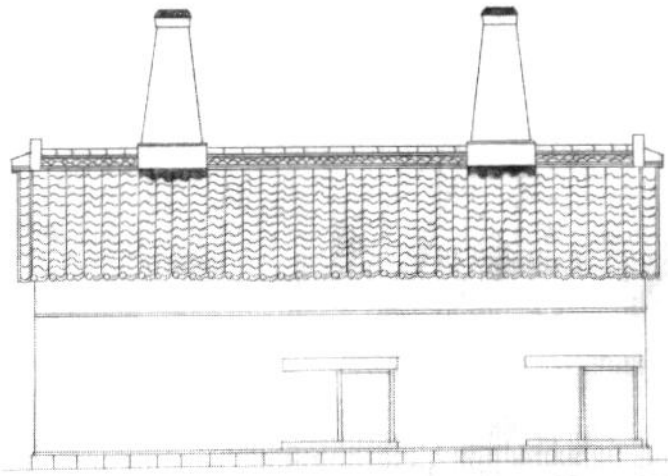

千住火葬場の上等中等棟の外観

屋等を廃止し、戸長と副戸長を置いた。さらにこの区を大区と改称し、その下に旧来の町村をいくつかまとめて小区を置いた。大区には区長、副区長を、小区には戸長と副戸長をそれぞれに配置した。こうした政府の一方的な改革には反発も生まれ、農民一揆や士族の反乱などが相次いだ。

このような混乱のなか、明治六（一八七三）年七月一八日、「火葬之儀自今禁止候条此旨布告候事」と太政官布告により、火葬が全面的に禁止された。火葬禁止は明治新政府の神道国教化政策によるもので、平田国学（復古神道）の流れをくむ政府の神祇官僚たちによって、廃仏毀釈とともに幕藩体制下で保護を受けてきた仏教を圧するため、仏葬としての火葬を問題視してきたことにある。

東京では、従来の寺院の境内はすべて墓地と心得よという布達に対し、寺院の所有地をすべて墓地として認めると賦税できないと大蔵省の求めにより布達が取り消された。府下の朱引内（市街化区域）にある従前の墓地においては今後の埋葬を禁じ、九か所の墓地を定めて埋葬するという墓地取扱規則を定め、墓地の整備を行った。

朱引内の埋葬を禁止したことにより、さらに大きな混乱が起こった。当時の東京府知事から内務省にあてに、「朱引内を埋葬禁止としたが、墓地不足が生じている。朱引以外に適地は少ない。近頃は欧米でも火葬が便利でさかんだと聞くので火葬も認めてほしい。火葬の場合は朱引内での埋葬も認めてほしい」といった上申書が出され、火葬再開へと向かうことになる。

明治八（一八七五）年五月二三日、時の太政大臣の三條實美は「火葬禁止の布告は自今廃し候条此旨布告候事」と火葬禁止を解いた。この布告により、火葬禁止以前に火葬業を行っていた地域を中心に火葬再開願いが続々と出された。

全国各地からの火葬再開の問い合わせに、六月二四日に当時の内務卿大久保利通は、各府県に「太政大臣三條實美火葬ノ儀第八拾九號ノ通御布告有之候ニ付テハ焼場ノ儀左ノ心得ヲ以テ取扱可申此相達候事」と通達を出す。

東京府下は朱引外とし、そのほかの地方は市街村落の外で人家からの遠隔地とし、土地にかけられる税金が安く、土地の利用価値が低いところに火葬場を置くようにという指導であった。火葬場を取締りの対象とするもので、墓地不足もあり、火葬を認めざるをえないというものであった。

さらに、火葬場の建設や運営の費用は、人民の自弁とすること。遺骨をその場所に埋めることは禁じられた。このことにより、東京では火葬場は寺院の運営から離れて独立採算となり、民営化の道を歩むことになる。同時に、火葬場と墓地を分離することになり、以降の火葬場の立地と役割に影響を与えることになった。

伝染病対策としての推奨

火葬が再開されることとなったが、それは従来から慣習として行われてきた火葬がそのまま認められたというわけではなかった。火葬再開後に出された通達によって火葬場の設置は制限を受けることになったが、まだ取締りの内容はさほど厳しく

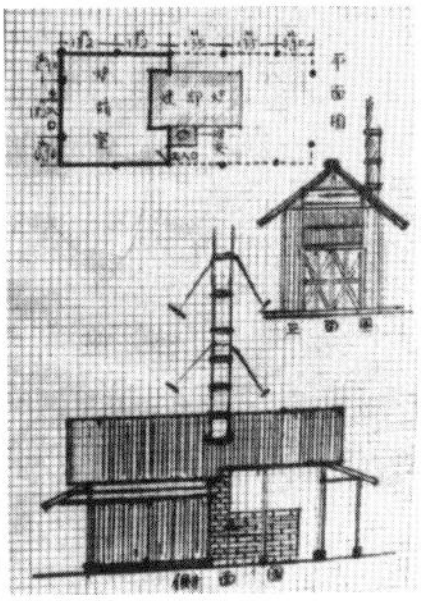

伝染病で亡くなった人の火葬が多く行われた、簡易な設備の旧日野町火葬場。大正一一（一九二二）年の建設

はなかった。

このころから火葬の際の煙は、煙出を通してまとめて出す方式がとられていたが、その臭気は問題にされていた。東京・千住火葬場は、あまりにも住宅地に近いことから、たびたび臭気が問題となっていた。火葬はコレラを媒介するといったうわさが流れ、明治一〇（一八七七）年には火葬場の調査が行われた。結果は火葬がコレラなどの伝染病を媒介するというのは根拠がなく、伝染病対策に有効な方法であり、むしろ推奨すべきであるという結果であった。臭気に関しては近傍の住民に不快感を与えているため、焼却炉の改造が必要であるということであった。

明治一二（一八七九）年にはコレラの流行を受け、虎列刺病豫防假規則が制定され、その後に制定される伝染病予防法とともに、伝染病で亡くなった場合は火葬が義務づけられることになった。同年、府縣衛生課事務事項が定められ、墓地の位置や境界および埋葬火葬の手続きを定めることと、埋葬場の地形や火葬場の構造を検察し取締法を設けることが定められた。土葬がさかんだった地域でも、伝染病対策の火葬場が設置されることになる。

明治一七（一八八四）年には墓地を加え、墓地及埋葬取締規則が交付され、墓地、火葬場とも許可制となった。またこの規則の執行を警視総監府知事縣令で定め内務卿に届け出るものとし、細目の素案が各府県に示された。

それによると、火葬場は人家および人民の輻輳の地から一二〇間（約二一六メートル）以上離し、風上とならない場所を選び、煙突を設け、臭煙を防ぐ装置や周囲に塀を設置すること。ただし林原野などで人家から離れた場所の場合は除くといったもので、火葬場の位置の基準を明確に記し、火葬炉の構造にも触れ、目立たないように火葬を行うようにといったものであった。当時、ほとんど火葬が行われていない地方もあったが、全国一律に通達が出された。この通達が、都道府県ごとの許可基準のもとになり、現在でもその名残が残っている。

立地に影響した反対運動

東京府では警視庁が、度重なるコレラの流行に対して明治二〇（一八八七）年四月に火葬取締規則を改正した。おもな変更点は従来五か所に制限されていた火葬場を八か所までとし、火葬場の人家からの距離および火葬場の構造について具体的に定めた。それに抵触するものは同年一二月末限りの稼働とするものとした。また、火葬場の位置や構造の制限が明確に記され、府下の火葬場もそれに準じた。

取締規則の改正により、千住火葬場は人家および人民輻輳の地から一二〇間以上という項目に抵触したため廃止させられることになった。火葬場数が八か所に改められたことで、同年六月に日暮里村と亀戸村に火葬場の新設が許可された。しかし両火葬場は近村から大きな反対を受けることになる。反対運動とともに許可取消しの請願が警視庁に相次ぎ出された。

日暮里火葬場の建設は周辺住民にはまったく知らされていなかったようで、風下

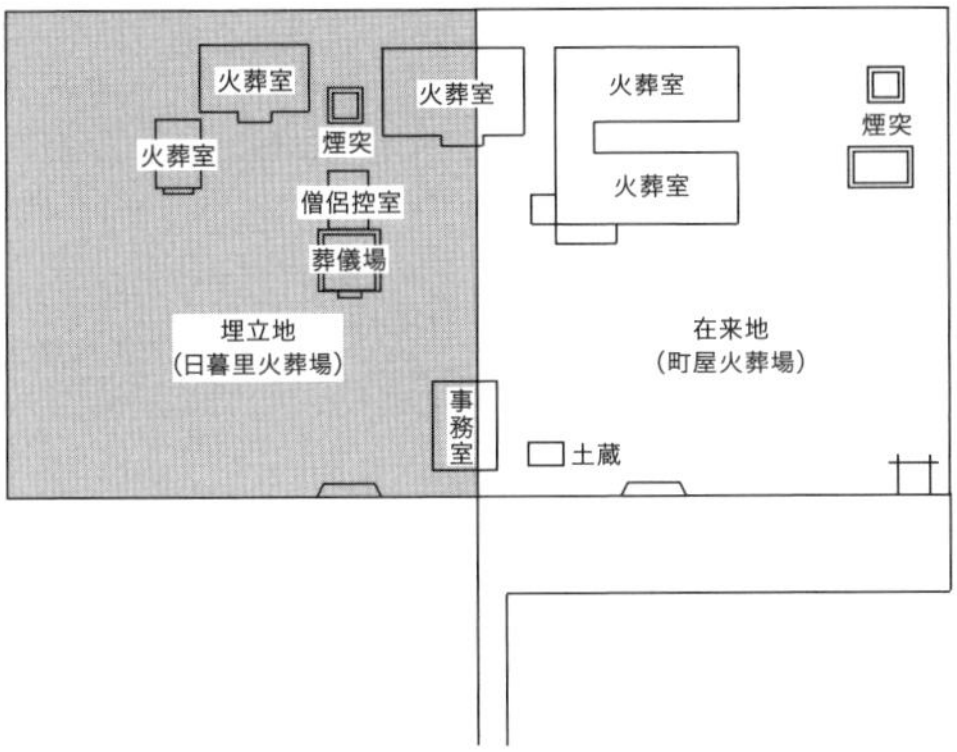

町屋火葬場建築仕様図

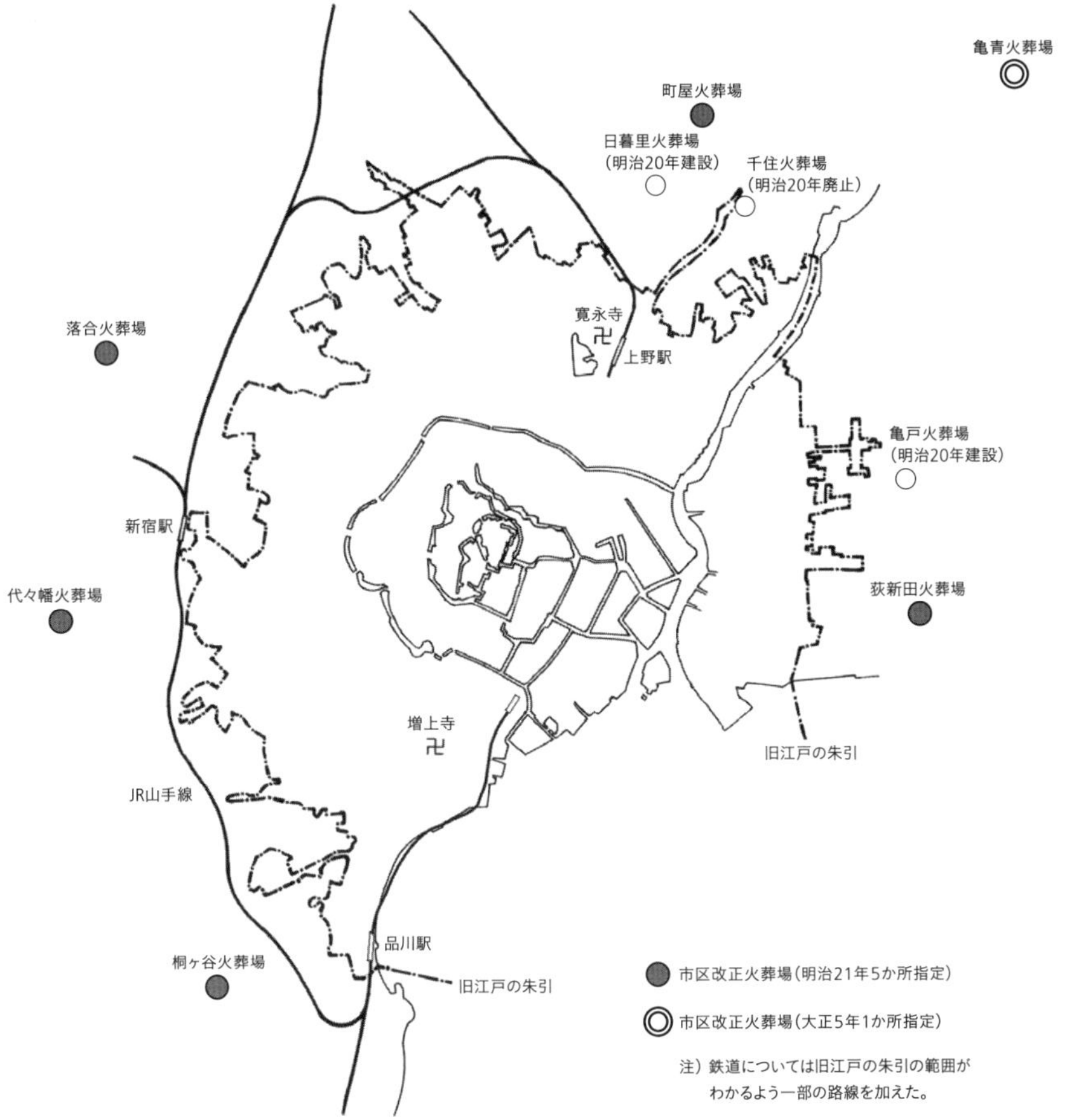

東京市区改正委員会に定められた火葬場

にある金杉村からも反対の請願が出された。そこには、「流行病のときは死体運搬の道にあたると、嫌う者もいた。火葬の臭気は衛生上、害にあらずとのことは西欧の説である。生理学的より論じると、人の忌み嫌うところの臭気を絶えず吸うのは、神経の感覚上より人身に害があるのは定説である」と、相反する理由が述べられている。感情からくる嫌悪は現在の火葬場反対の理由とはあまり差はなく、郡長から許可取消し願いが出されている。

この日暮里火葬場、亀戸火葬場の問題が東京の火葬場建設に大きな影響を及ぼすことになった。この大きな反対運動により、許可の以前に設置について常置委員に諮問されることになった。

従来は火葬取締規則上、問題がなければ火葬場の設置は許可されてきたが、この年の一二月に通常府会で可決され、火葬場の設置に関して許可前に常置委員会に対して意見を求めることになった。東京では、今後、火葬場の立地も都市計画の一部として検討されていくことになる。

東京の都市計画は、明治期における東京市区改正事業でその骨格がつくられた。明治五（一八七二）年から始められ、明治一七年以降は改正設計の審議が本格的に行われるようになる。

明治二一（一八八八）年八月の東京市区改正条例の公布によって、計画は具体的に進み、委員会は同年一〇月から討議が重ねられた。一二月の市区改正委員会のなかで、火葬場および墓地面積議定の請求が出された。その後、委員会で火葬場の位置が、桐ヶ谷ノ内、代々木村ノ内、上落合村ノ内、町屋村ノ内、砂村荻新田ノ内の五か所とすること決議された。

　当時、七か所の火葬場があったが、日暮里火葬場は将来周辺が繁栄地となる見込みであるということから町屋に移すことと、亀戸村は荻新田に接しているから一か所にまとめるなどの意見が出され、人家が密集しているところでの建設は避けようという考えのもとで検討された。

　当時は火葬場で葬儀も行われていたため、遠方に移すのは不便であり、臭気の問題などもあり、どこに設けるかは難しい課題であった。敷地を府庁が買い上げ、民間に払い下げたらどうかの意見も出された。理由なき苦情がないようにしたいということと、区（当時の一五区、明治二二年からは東京市）の火葬場でないため、郡部へ移しても支障がないということで、移転が決定された。

　敷地は通行人から見えないように周辺を植樹するなどの意見が出され、敷地面積はそれぞれ二〇〇〇坪とすることが定められた。その後、大正八（一九一九）年には亀青火葬場が建設された。

寺院風デザインの盛衰

　浄土真宗では通常、火葬場に到着後、最後の別れの勤行（仏前で時を定めて読経、礼拝、焼香などをする儀式）を行う。葬場勤行、火屋勤行、火葬場勤行と呼ばれている。

火葬場での勤行を行う場として火葬場内に斎場（葬儀場）を設けた施設も見られた。

明治二〇（一八八七）年ごろの日暮里火葬場の配置図を見ると、葬儀所が設けられており、ほかに休憩所と事務所があった。伝染病の流行に伴う火葬取締規則改正に合わせて排泄物焼却所や消毒所が設けられるなど、伝染病対策のための衛生面での対処が見られたが、葬儀所が設置されている点を考えると、火葬場を単なる遺体の処理場ではなく、葬儀を行う葬送の場としてとらえていたことがわかる。

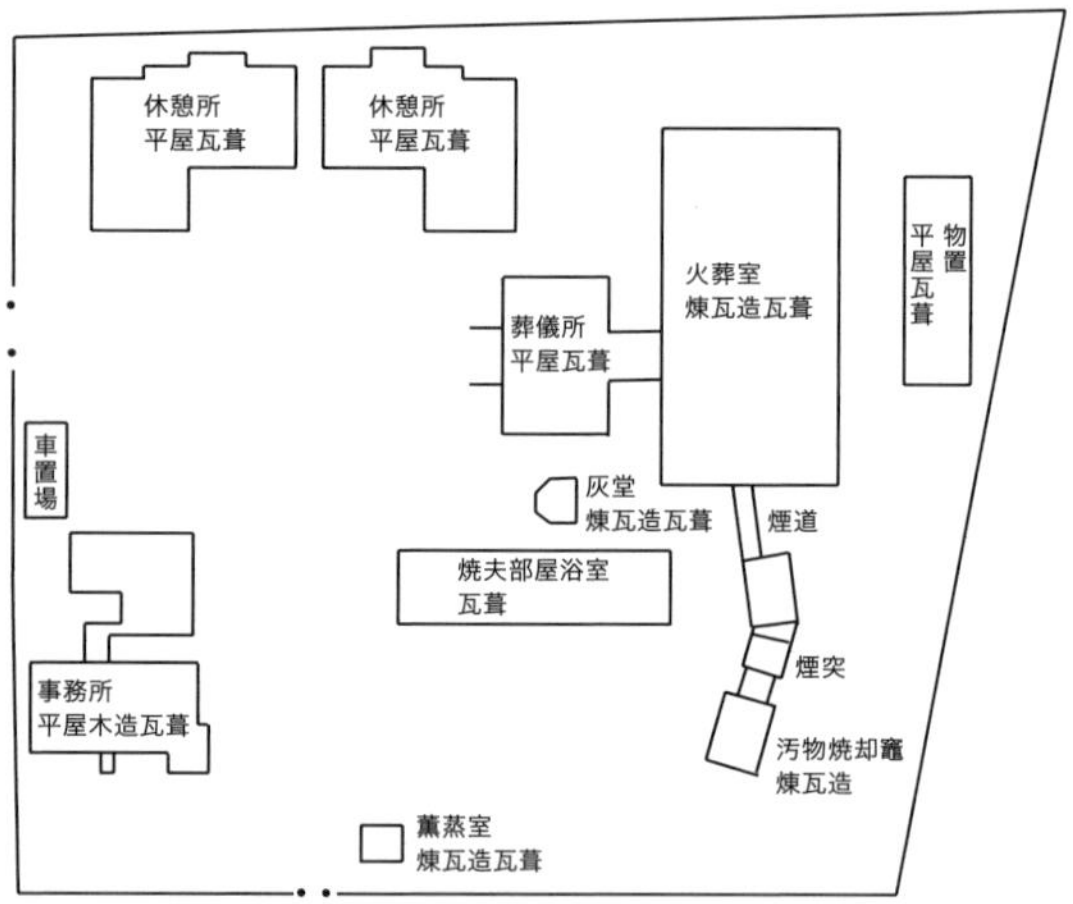

明治23年の日暮里火葬場の配置図

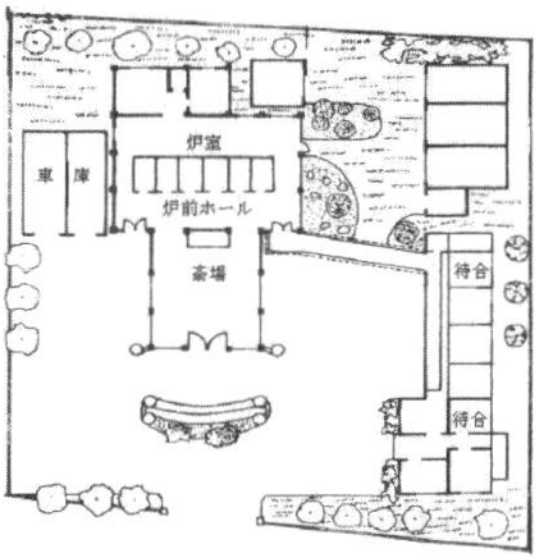

炉前ホール前に斎場が設けられた新潟市の旧青山斎場の平面図

鉄筋コンクリート造で寺院風デザインの新潟市の旧青山斎場の外観

『東京博善株式会社五十年史』によると、大正一四（一九二五）年の株主総会で、会社名も博善であり、広く善意を持って業務を行うことから、火葬業務は寺院の延長ともみなされ宗教者たる僧侶に執務を担当させ、営利会社としての経営というよりは、むしろ宗教的精神を発揮することに重点を置くべきであるという意見が支配的になり、宗教者による経営が発足することになったという。

　重油炉の設置により昼間の火葬許可を受けた町屋火葬場の増改築は、昭和二（一九二七）年に行われた。宗教者が経営に関与することになったこともあり、建物は寺院風倉造りとし、中央に唐破風つきの内陣をつくって釈迦尊像を安置し、内陣の左右には火葬炉を配置した。火葬棟も寺院風のデザインで、火葬炉の扉まわりのデザインにも仏教色が見られた。

　昭和四（一九二九）年に竣工した新潟市の旧青山斎場は、鉄筋コンクリート造であるが、寺院風のデザインとなっている。それまではれんが造の火葬場があったが、日本で最初のコンクリート造の火葬場と思われる。斎場と待合室があり、斎場と火葬炉棟が一体となっていた。正面を入ると斎場があり、斎場内部には仏像が安置された祭壇が置かれていた。この斎場は現在の葬儀式場との意味とは異なり、火葬前の勤行を行う場であったと考えられる。ここでは告別が終わると、会葬者は祭壇横の扉から炉前室に入り、柩が火葬炉に入るのを見送るという方式であった。

　京都の火葬場の歴史は長く、明治一〇（一八七七）年、東、西両本願寺が渋谷に火葬場を建設して営業を始めた。上京の蓮華谷には京都市が火葬場を建設し、経営を

寺院をイメージさせる
奈良・生駒市火葬場

仏教的なデザインが見られる
旧町屋火葬場の化粧扉

衣笠村に委託し、大正一五（一九二六）年より市直営となった。昭和六（一九三一）年には花山（渋谷）火葬場を買収し、京都市内の火葬場はすべて公営となった。

こうした市の買収とともに改築が行われ、翌昭和七年に業務を開始した。荘厳堂と呼ばれる告別専用の建物と火葬炉棟、ほかに事務所と待合室が一体となった建物であった。荘厳堂では僧侶が終日待機しており、柩は祭壇に安置される。僧侶の読経の席が用意され、読経と焼香が行われる。荘厳堂に隣接して火葬炉棟がある。火葬炉棟の外観は特に装飾も見られずに工場風なシンプルなつくりであったが、荘厳堂は木造和風で寺院を意識させるデザインとなっていた。

火葬再開直後の火葬場は火葬炉に上屋をかけた程度のもので、そこで告別と拾骨が行われており、シンプルなものであった。しかし、葬送の慣習から、仏教寺院風の形式に戻ることで儀式性を持つ空間にふさわしいとされ、昭和のはじめに火葬率の上昇とともに各地で公営火葬場が建設されるのに伴い、寺院風火葬場は定型化して全国的に流布した。たとえば、昭和初期に建設された、新潟市青山斎場はコンクリート造であるが、斎場を併設し、仏像が安置された寺院風の建物であり、同時期の堺市立堺葬儀所、福井市斎場、千葉市火葬場も寺院風で、東京以外でも各地で自治体設置の寺院風デザインの火葬場が多く建設されていった。こうして寺院風デザインに高い煙突を持つ建物が火葬場のイメージとして定着するようになった。

第二次世界大戦後、憲法に信教の自由、国の宗教活動の禁止が謳われ、さらに公の財産の支出利用の制限として公金その他の公の財産は、宗教上の組織もしくは団

寺院風デザインを取り入れた最後の例、木造の富山・高岡市斎場

体の使用、便益もしくは維持のため使用してはならないとされ、公共が主となっている火葬場は、次第に仏教色が薄れていくことになる。
さらに生活改善運動などの影響を受け、葬儀も含めての公営による、かなり簡素な施設がつくられた時期もあり、木造の寺院風デザインの火葬場は、昭和二三（一九四八）年の高岡市斎場を最後に建設されなくなった。
とはいえ、火葬場は遺体との最期の別れを行う場として、宗教的要素が求められ、戦後もしばらくは寺院をアレンジしたデザインが採用され、入り口正面に火葬炉のある左右対称なデザインの火葬場が多く見られた。生活関連施設でしかも宗教的な雰囲気を持つ施設として古墳をイメージしたり、煙突のデザインに工夫がこらされたりもした。構造も木造から鉄筋コンクリート造へと変わっていく。

ヨーロッパスタイルの導入

大正時代にはヨーロッパの墓地や火葬場の調査が行われ、日本でもヨーロッパの火葬場について知られるようになり、技術も導入された。

大正一二（一九二三）年に建設の許可が下り、日進起業株式会社によって建設された堀之内葬斎場（現・堀ノ内斎場）は重油炉を備えたれんが造で、ヨーロッパの火葬場の形式を導入した火葬場であった。建物は二層式となっており、上部が斎場で下が火葬設備で、斎場での告別が終了するとリフトにより柩が地下に下りる、当時ヨ

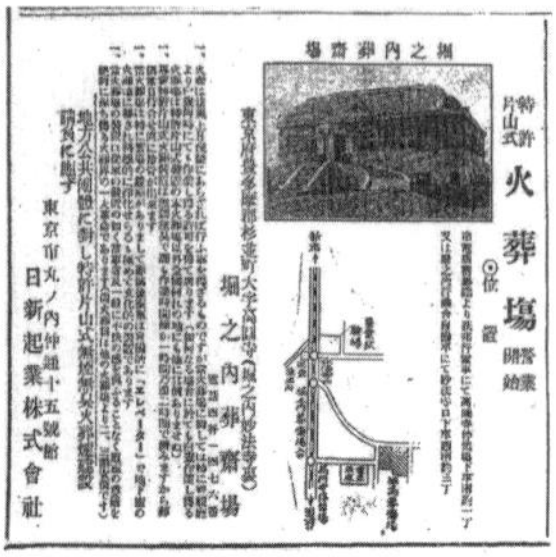

ヨーロッパの火葬場の形式を導入した堀之内葬斎場開業時の新聞広告

ーロッパ各地で多く見られた方式であった。

昭和初期の東京は人口の増加が著しく、それに伴い死亡者数も増加した時期で、死者を丁重に葬る葬祭施設は都市において必要な施設であった。当時の東京市は火葬場をもっぱら民間に依存しており、東京市が公設の火葬場を持たないことは世界有数の大都市として問題であり、近代都市としての面目が立たないものであった。

このような状況を打破するため、公営の火葬場を設けて指導的な立場をとるべきであると考え、新設の公営火葬場が二か所検討された。東と西にそれぞれ一か所ずつが予定され、多磨墓地の付属施設としての多磨火葬場と、瑞江火葬場が都市計画火葬場として計画された。

旧瑞江葬儀所は最終的には都市計画事業としては実施されなかったが、昭和一二（一九三七）年一二月に竣工をみた。東京における唯一の市営火葬場として、その設備、設計にも十分配慮が払われ、外観、内容ともその名を恥ずかしめないものと自負していた。瑞江葬儀所の発案・推進者は、当時東京市公園課長であった井下清であった。大正一四（一九二五）年の海外都市公園視察の経験を踏まえ、墓地、火葬場など都市葬務施設に力を入れたという。井下は、火葬場の位置と規模について「火葬は墓地より更に強い感傷と陰惨な気持ちをもたらすものであり一層荘厳な建物と静寂なる環境を設け（中略）各方面に中級のものを分布するのが利用の上に又葬送の行程を短縮し、街路上の不快を少なくすることになる」と述べている。

また、火葬炉については無煙、無臭、無騒音を掲げ、場内の配置に関しては「炉

告別は斎場で行い、炉前への入場を制限した旧瑞江葬儀所

前にて告別する習慣になつて居るが、之は火葬場内の整頓からみて甚だ迷惑なことであつて、須らく告別は葬祭場にて行い、炉に収容する操作は少数の近親の監視の下に行う程度とすることが適切である」と述べ、瑞江葬儀所ではこれの実施に踏み切った。

設計は東京市建築課が担当し、作品として掲載した「新建築」誌は「殊にこれらの建物が陥りやすい葬儀自動車型と称される醜悪な様式を排して、この現代構法に忠実な然も死者永遠の門出を明るく美しく然も飽く迄静謐厳粛に見送るのに相応しいものとして、従来の火葬場の持つやゝもすれば陰惨な印象を一掃した」として、立案した当局ならびに設計者の信念を称えている。

瑞江葬儀場は、当時としては珍しく、敷地内に火葬場と周辺との調和を図る環境緑地を設け、花や樹木で植栽し、全体が公園風に計画されている。

敷地周辺は人家もまばらな田畑のなかにあったが、都市計画上は住居地域になっているため、将来の宅地化を見込んで広大な敷地を確保し、周辺の環境に配慮するとともに、周囲から騒音に影響されずに儀式が行えるよう内部の雰囲気づくりにも気を配っていたことがわかる。

建物の配置は、ヨーロッパの火葬場を参照したうえで、計画された。当時の火葬場は炉前室で告別・拾骨を行っていたが、瑞江葬儀所では炉前室の混雑を避けるため入場を制限し、葬儀室および拾骨室を設けたのが特徴である。

告別を行わない一般遺族は入り口に近い事務所で手続きを済ませたあと、炉前室

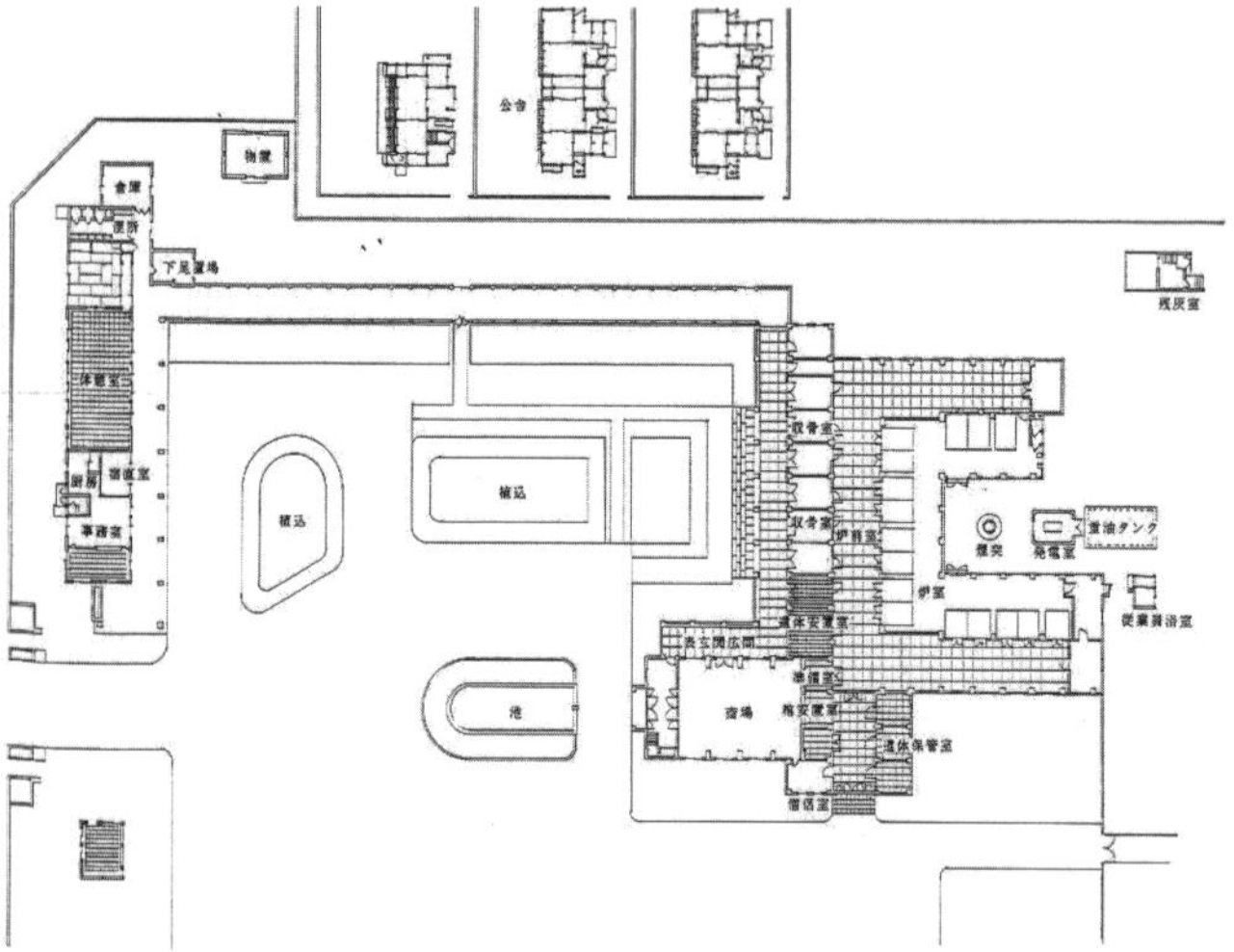
平面図

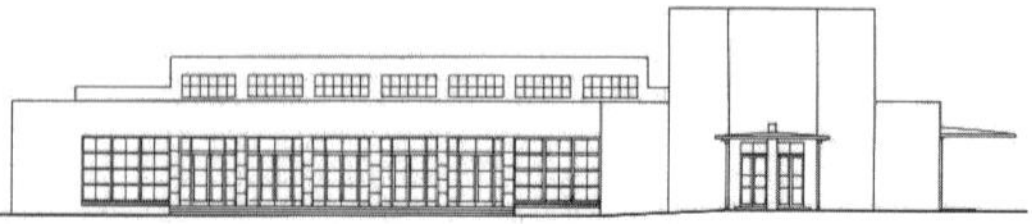
立面図

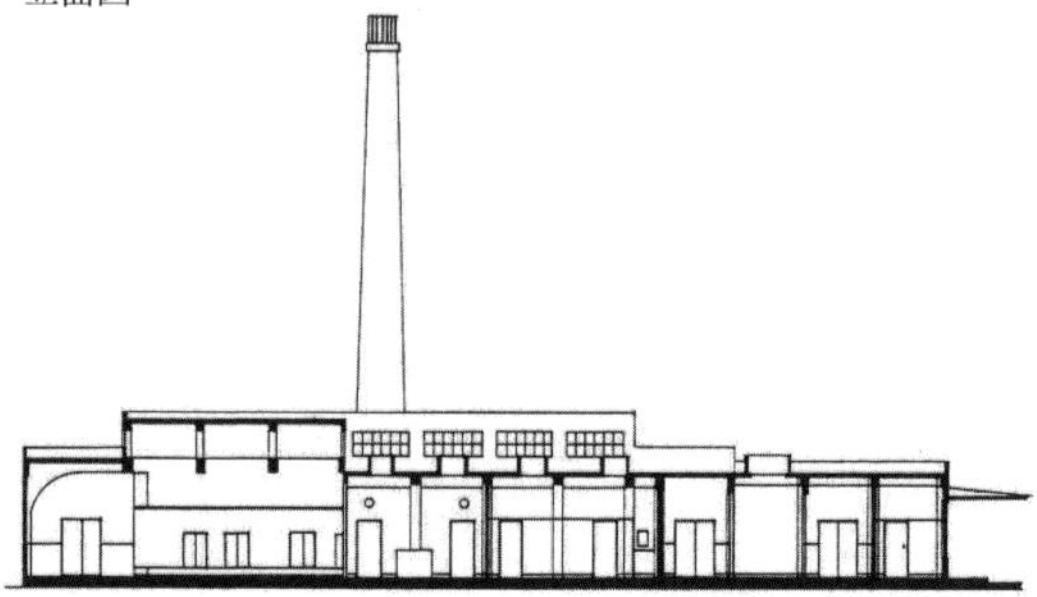
断面図

旧瑞江葬儀所

所在地：東京都江戸川区／設計：東京市／敷地面積：52,345㎡／延床面積：1,554.33㎡／火葬炉：16基／竣工：1937年

に至る。柩は東玄関より運び込まれ、遺族は炉前室で入炉を見送り、事務所内の休憩室で待ち、火葬終了後、炉前広間に接する拾骨室に入って拾骨を済ませるようになっている。

また、斎場を利用する場合には事前に日時の予約・申込みを行い、使用時間が定められ、別途使用料を納めることになっていた。斎場を利用する場合は、会葬者は正面車寄せ玄関より直接斎場に入る。柩は祭壇の後ろの安置室に置かれる。最後の礼が終了すると、代表者三名が付き添って炉前室に向かい、火葬炉への入炉を確認する。炉の鍵は持ち帰ることなく、炉前室受付けの鍵箱に保管される。火葬の間は休憩室で待つことになる。火葬が終了し拾骨の案内があり、指定の拾骨室に向かう。係員から炉前受付けで鍵を受け取って開扉し、遺骨は霊台に奉安したまま拾骨室に運ばれる。あらかじめ記名してある容器に遺族の手で納められるという方式であった。

また当時多く見られた、寺院型建物のデザインを排し、近代的な建物にすることによって、火葬場の持つ暗いイメージの払拭を図ったものであった。

また瑞江葬儀所は、『建築学便覧』の建築設計の火葬場の頁で例示されている。同書は、日本と外国の火葬場の機能図が示されており、日本と欧米の火葬の考え方の違いについて説明がなされている。

堀之内葬斎場や瑞江葬儀所のようにヨーロッパの火葬場の考えを取り入れた火葬場も見られたが、日本の火葬場は炉前での見送りを重要視する考えが従来から強く、

煙突を建築と一体化してデザインされた巻町・岩室村の妙有院

このような考えに追従する火葬場は少なかった。

ヨーロッパでは、合理的な遺体の処理方法として火葬が受け入れられたのに対して、日本の火葬はひとつの葬法として長い蓄積があった。拾骨の方法なども異なるものであり、火葬率も圧倒的に日本が高かった。欧米の考えを日本にそのまま導入しただけでは定着せず、日本独自の火葬場が発展していくことになる。

瑞江葬儀所は、昭和五二（一九七七）年に建替えが行われたが、平面計画の考え方は旧施設を引き継いだものとなっている。

煙突を視界の外に

昭和四三（一九六八）年に竣工した新潟県西蒲原郡巻町・岩室村（現・新潟市）の妙有院は、寺院風デザインを現代風にアレンジし、煙突を建築と一体化した火葬場である。設計者は計画について次のように述べている。

当時の火葬場は建築界では扱われたことがなかった施設であった。死の持つ印象から忌み嫌われ、日常と切り離すために建物自体も、多くは隠すように街の外や山のなかにあった時代であった。素っ気ないデザインや構造で、「行政の施設だから飾りや工夫はいらない。火葬ができればいい」という建物であった。それに対して「無機的な空間を排してできるだけ自然に近づける」とする一方、古くから火葬が普及していた新潟では集落ごとの火葬場に地蔵菩薩がまつられており、火葬場内に

ガラスを多く用いて明るい雰囲気とした古河市斎場

その場を設けるなど、地域の習慣を取り入れた計画とした。妙有院は当時としては珍しく、周辺から隠すのではなく、外観のデザインに配慮した火葬場でもあった。

火葬場のデザインに大きな影響を与えるきっかけになったのは、火葬炉設備が改善されたことに起因する。昭和四八（一九七三）年に茨城県の古河市斎場に主燃焼室の直上に再燃焼室を設けた火葬炉が登場した。排気効率が改善されて、火葬場の象徴であった長い煙突が不要になり、短煙突とすることで排気筒を目立たなくする外観の工夫が可能となった。それまでの火葬場は、火葬棟の正面中心に高い煙突が立ち、建物はシンメトリーに構築されていた。入り口からすぐに炉前ホールまたは告別スペースがあった。それに対して、古河市斎場は車寄せからまずガラス張りの玄関ホールを通り、そこから告別ホールへ向かうもので、シンプルな外観とガラスを多く用いた明るい雰囲気で従来にないイメージを持つものとなった。

昭和四九（一九七四）年に竣工した千葉県松戸市斎場は、地形を考慮し、火葬棟は建物全体を半地下方式とし、屋上部分に四季の花々が咲く植物を配した、火葬場としての暗いイメージをなくすように努められた建物である。さらに築山や池などを造成し、植林を行うことにより「緑に包まれた公園」というイメージで計画された。

昭和三〇年代から四〇年代にかけては火葬炉メーカーによる火葬場の設計施工が多く見られた時期であった。しかし四〇年代後半からは大手の建築設計事務所も携わるようになり、全国的に火葬場のデザインが変わるきっかけとなった。

火葬棟と待合棟をまとめ、低くのびやかなデザインとした酒田市葬祭場

昭和五一（一九七六）年に竣工した山形県酒田市葬祭場では、高い煙突を廃して短煙突方式が採用され、それまでの火葬場が火葬棟と待合棟とが別棟で、両棟を渡り廊下でつなぐのが一般的であったのに対し、火葬棟と待合棟を渡り廊下などによって分離する方法はとらず、一棟にまとめることで低くのびやかなデザインとされた。飛砂防止のために長い歴史のある黒松林のなかにあり、車寄せから告別ホールには直接アクセスせずにエントランス越しに松林が目の前にひらけるポーチが迎えるものとした。背後に松林があるため、自然に還る感じを求めて、火葬場建築に新たな流れをつくろうと意図されたものだ。

古くから火葬場建設には多くの反対を伴ってきた。建設を促進させるため従来の火葬場のイメージを消す努力もなされてきた。大正から昭和初期に建設された高い煙突を持つ寺院風デザインの火葬場がひとつの火葬場のイメージとなっていた。また伝染病対策の火葬場がイメージを悪くしていた。周辺住民から建設条件に、火葬場をイメージしないデザインの要求や目立たないように隠すなどの事項が出されるとともに、都市計画決定にあたり目立たない場所に建設するような指導も行われた。

戦後の火葬場建築は、従来の火葬場のイメージを払拭して、まず寺院風デザインが否定され、設置者は従来のイメージを払拭した火葬場の建設をとその多くが竣工時の資料等で謳ってきた。

しかし、何よりも火葬炉の技術的な改善が起因となり、煙突を見せなくすることで火葬場らしさの除去が進んだ。また火葬の際の煙も見えなくなった。それには火葬炉の技術革新が大きく影響している。こうしてかつては火葬の煙が天に昇っていくことに手を合わせ、遺族は故人が成仏したと受け入れることもあったが、現在はそのような光景は見られなくなった。

葬送行為と建築の計画

葬送の流れとプラン

火葬場では、故人との最後の別れとなる「告別」、柩が火葬炉に納まるのを見送る「見送り」、火葬終了までを待つ「待合」、火葬終了後の焼骨確認のあと、会葬者らによる焼骨を拾い骨壺に納める「拾骨」が行われる。

火葬場の計画は、内部での動線、すなわち会葬者の動きをデザインすることにある。火葬が普及している地域では、葬儀を含めた一連の葬送行為として、集落ごとの共同作業の重要な行為のひとつであった。また火葬は明治のはじめまでは仏教寺院が担う役割のひとつであり、寺院に併設された火葬場では、会葬者は本堂で葬儀を済ませたあと、炉前に移動し火葬が行われていた。昭和のはじめまでの火葬場は、炉前ホールでの告別、見送り、焼骨の確認、拾骨のすべての行為が行われ、平面プランはシンプルなものであった。

当時は薪などでの火葬でひと晩かかっていたために翌朝の拾骨となり、告別と拾

写真のように多くの火葬炉を一列に並べると混雑が増長される

炉前ホールへの入場を制限し、見送りホールから柩を見送る例

骨が重なることがなく混雑は少なかった。火葬炉で使用される燃料の転換や設備の性能の向上に伴い、火葬時間の短縮が進み、昼間の火葬が行えるようになるにつれて、告別と拾骨が重なるなど、炉前ホールの混乱が発生するようになってきた。

規模が小さいうちは問題とならないが、都市部で火葬炉の数が多くなると、ひとつの炉前ホールに多くの会葬者が入るようになり、さらに混雑が増長されるようになってきた。そのためホールの混雑を避けるために、会葬者の動線の計画が必要になってきた。

火葬場に初めて動線計画がもたらされたのは、昭和一二（一九三七）年につくられた旧瑞江火葬場である。ヨーロッパの火葬場を下敷きに、火葬場に到着した柩を別ルートから葬儀室の壁を隔てた位置に安置し、そこで遺族との別れを告げる。炉前までは代表者三名に限り、立ち会わせる方式にしたものであった。

現在では平面計画にあたり、霊柩車を先頭にした葬列は車寄せに到着、告別室、炉前ホール、待合室、拾骨室での拾骨を終えて帰路につくという流れを、会葬者が交錯するのを避けるように一筆書きのように交差させないように配置するという考え方が見られる。あえて行きと帰りのルートを分けたり、炉前のホールに多くの会葬者がたむろすることのないように、ガラスで仕切られた見送りホールをつくったりすることも考えられている。

このように設置者や設計者の考えにより、それぞれの行為をどこの場所でどのように行うか、炉前ホールを中心に、告別室、拾骨室、見送りホールを組み合わせる

五つの平面構成別の葬送行為の流れとその実施場所

①炉前ホールのみ(非分離型・一体型)

火葬場の基本となる形態で、告別・見送り・確認・拾骨のすべての行為を炉前ホールで行う。

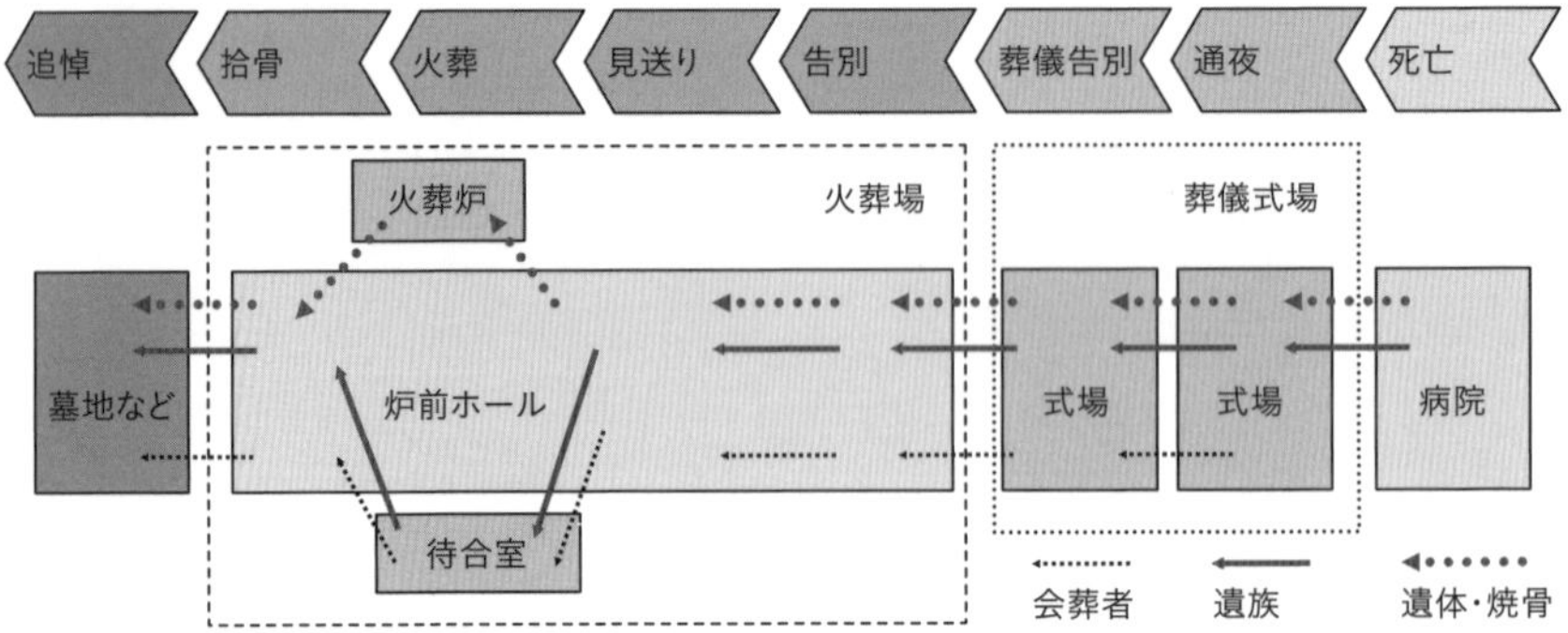

②告別部門を分離(告別分離型)

告別部門を炉前ホールから分離したタイプで、告別室が設けられる。告別以外は炉前ホールで行われる。

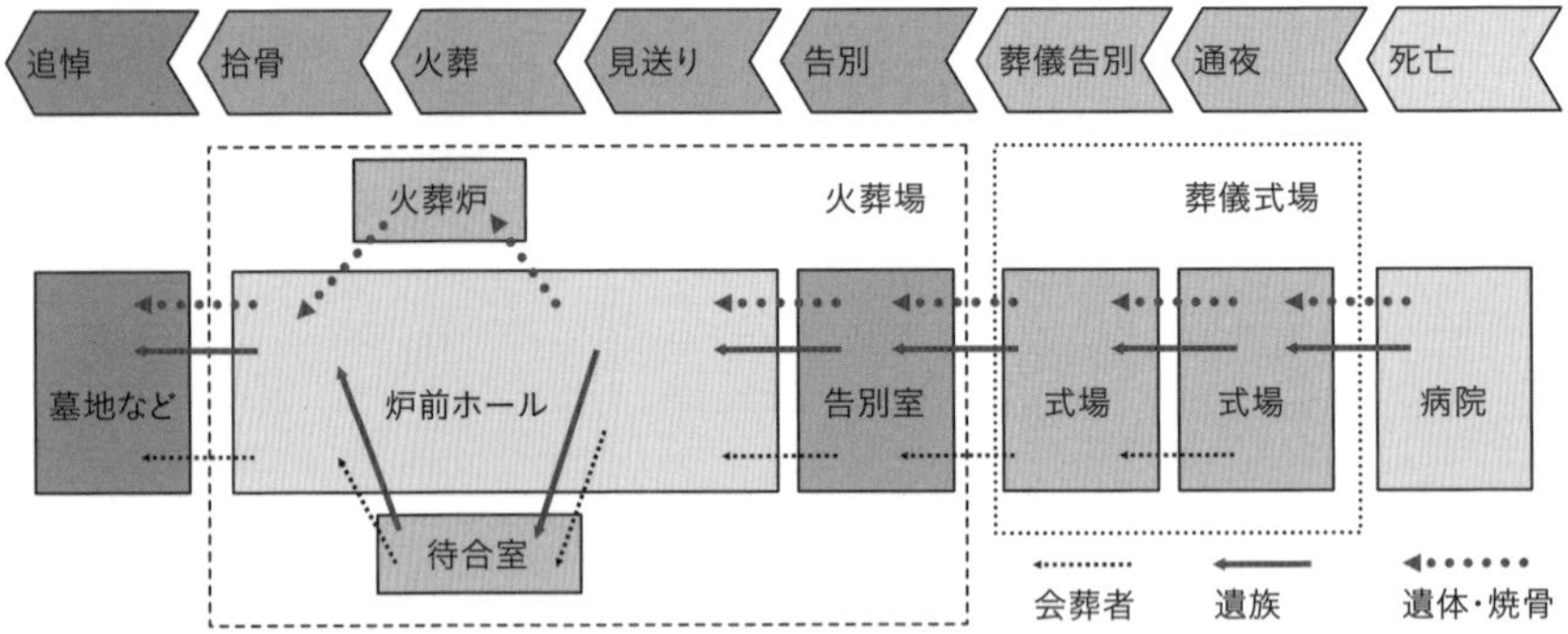

③拾骨部門を分離(拾骨分離型)

拾骨部門を炉前ホールから分離したタイプで、拾骨室が設けられる。拾骨以外は炉前ホールで行われる。

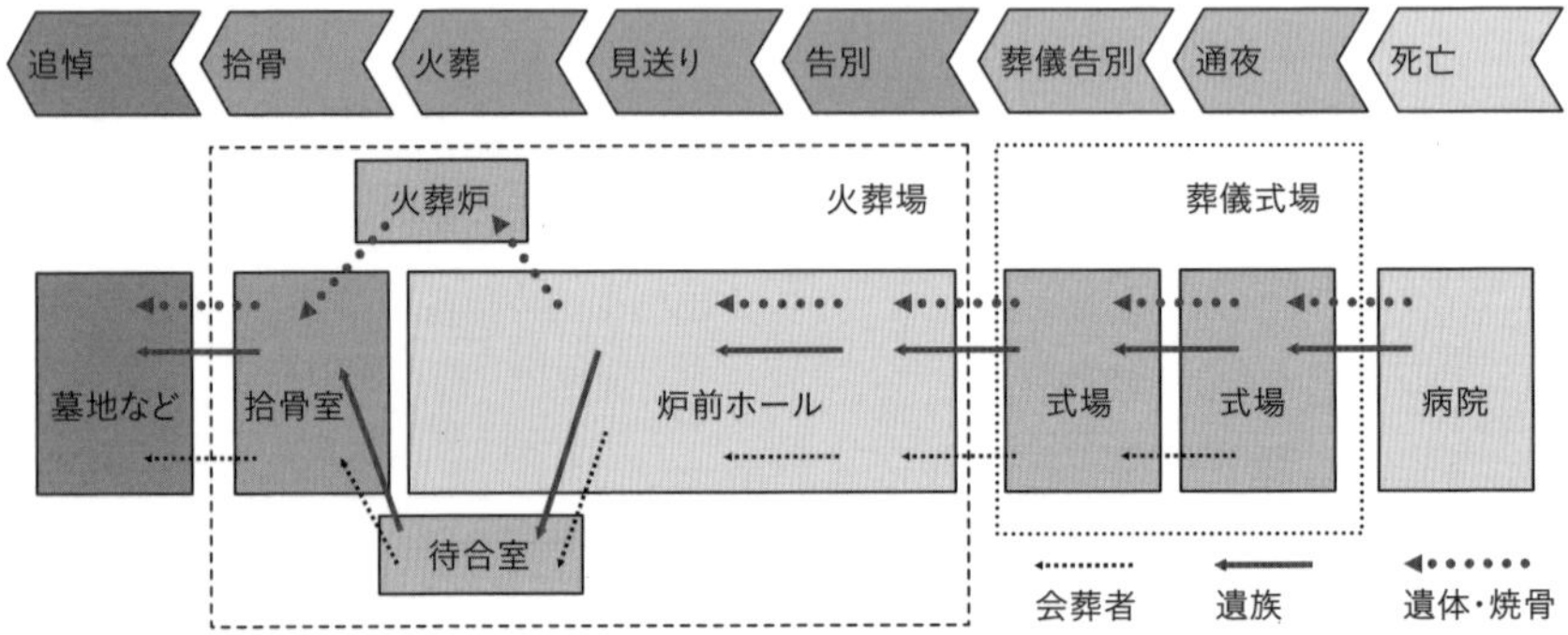

④告別・拾骨部門を分離（告別・拾骨分離型）

告別・拾骨部門を炉前ホールから分離したタイプ。告別室・拾骨室が設けられ、見送り・確認は炉前ホールで行われる。

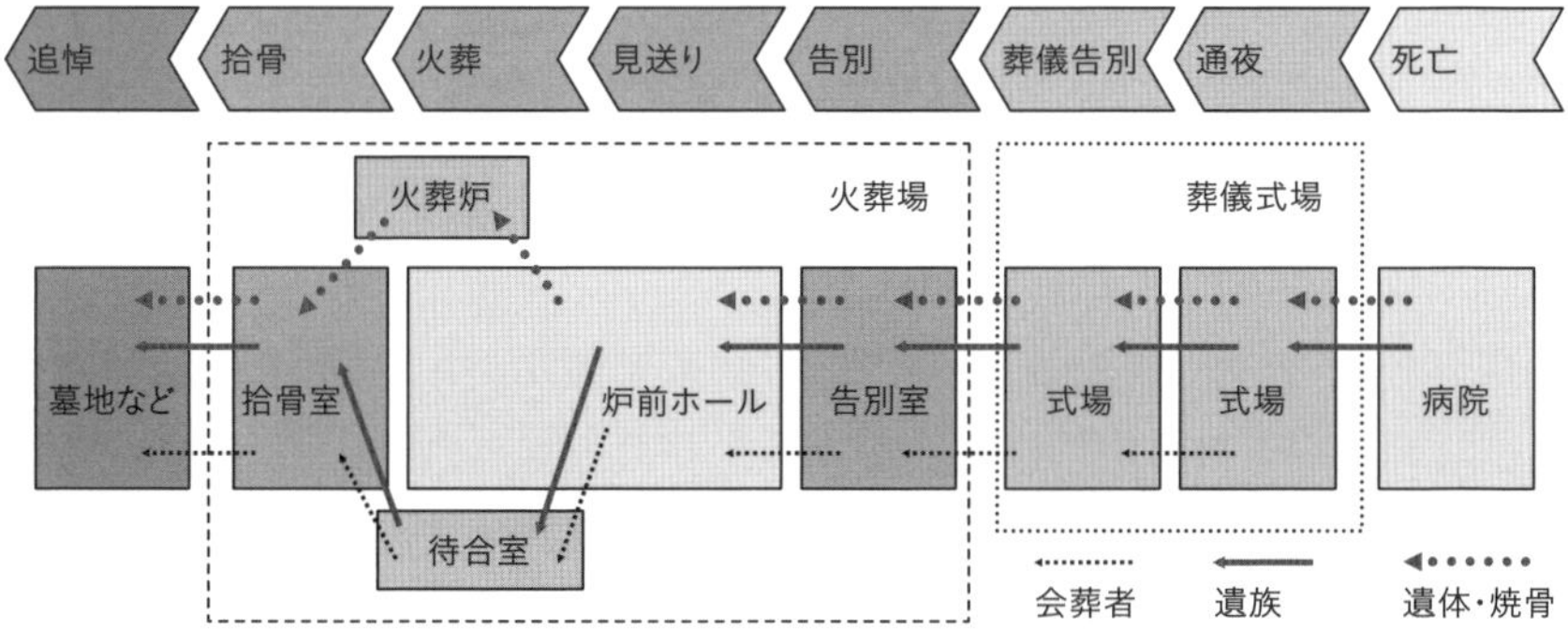

⑤告別・見送り・拾骨部門を分離（見送り分離型）

告別・見送り・拾骨部門を炉前ホールから分離したタイプ。告別室・見送りホール・拾骨室が設けられる。

上記の基本形態をベースに炉前ホールを分割するなど発展させた形態も見られる。

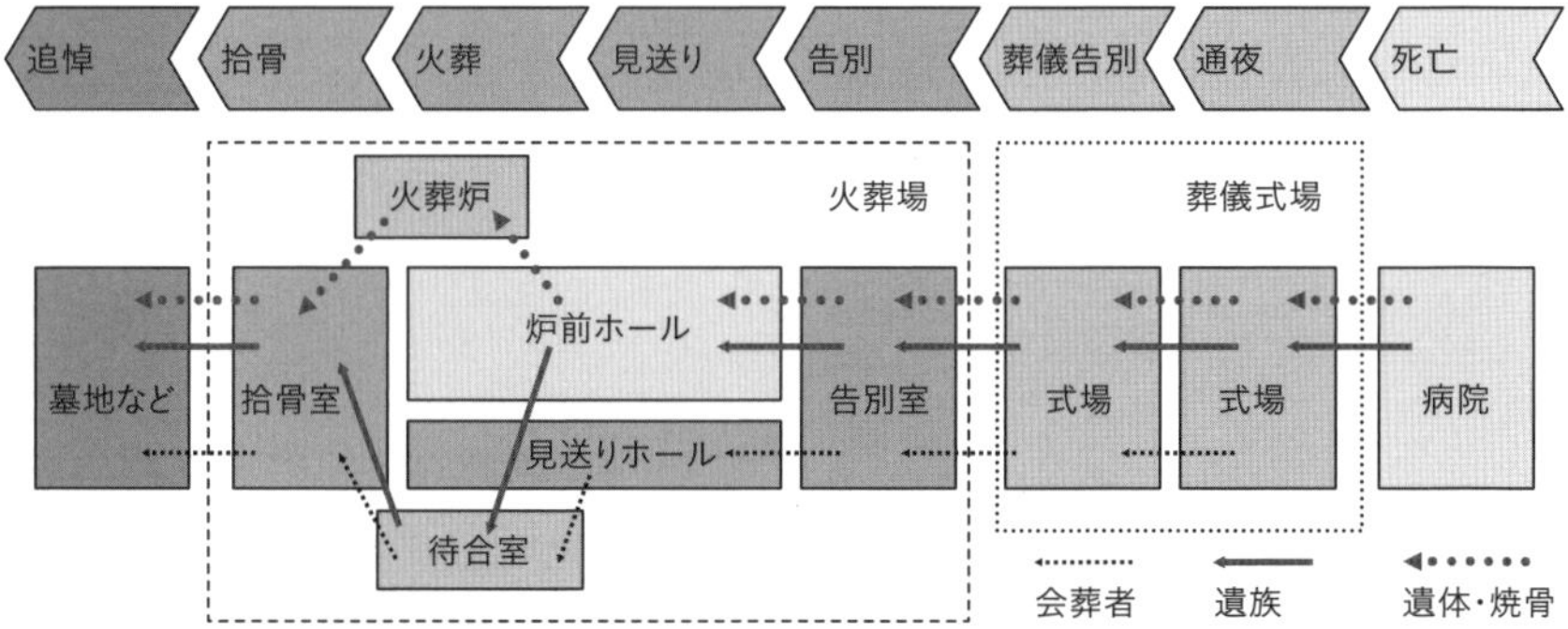

ことによりいくつかの平面構成が考えられる。その基本形態は次の五種類に分けることができる。

①**一体型**　火葬場の基本となる形態で、告別・見送り・確認・拾骨のすべての行を炉前ホールで行う。

②**告別分離型**　告別を炉前ホールから分離したタイプで、告別室を設ける。告別以外は炉前ホールで行われる。

③**拾骨分離型**　拾骨を炉前ホールから分離したタイプで、拾骨室を設ける。拾骨以外は炉前ホールで行う。

④**告別・拾骨分離型**　告別・拾骨を炉前ホールから分離したタイプ。告別室・拾骨室が設けられ、見送り・確認は炉前ホールで行う。

⑤**見送り分離型**　告別・見送り・拾骨部門を炉前ホールから分離したタイプ。告別室・見送りホール・拾骨室を設ける。

会葬者で混み合う炉前ホール

日本では火葬を炉前で見届けることが求められており、火葬を具体的に確認する行為が行われている。遺族が火葬炉に点火をするといった火葬場もある。重油炉の導入により火葬時間が短縮され昼間の火葬が主になると、火葬が一定の時間に集中するようになった。また、拾骨もともに行われるなど、都市部の火葬炉数が多い火

混雑のため会葬者の入場が制限された炉前ホール

葬場では炉前ホールが混雑するようになっていった。

大正七（一九一八）年以来日本建築学会の都市計画常置委員としてヨーロッパの各都市の墓地・火葬場を訪れた島田藤は、炉前ホールに遺族が入らないヨーロッパの方式に注目した。

島田は、ヨーロッパの火葬場では葬儀を行う斎場で遺体と最後の別れを行い、炉前ホールまで遺族が付き添わない方式に共感し、火葬場は斎場を中心として計画すべきであるとした。最後の別れを斎場で行い、火葬炉までの親族の見送りは極めて少数の親族に制限すべきで、炉前まで付き添いや炉の扉に封をすることはまったく不必要であると考えた。炉前は、単に柩の運搬・柩の出し入れ以外に、立会いのためのむだな面積と過多な装飾を費やしている。なぜ遺族が火葬炉に柩が納まるのを見送りたいかを理解せず、炉前ホールの装飾は意味のないことであると考えていた。

火葬炉をただ単に一列に並べることが効率的であるという考えは今日でも根強い。そのほうが作業効率は高いと思われている。炉前ホールには、柩や焼骨の出し入れとともに、会葬者が柩の見送りのために集まる。読経や賛美歌の斉唱なども行われたりする。

しかし、何組もの会葬者が集まると混雑し、職員の作業の妨げになったり、台車の移動が危険だという理由により、会葬者の入場を制限する火葬場もある。またほかの会葬者の別れの妨げになるということから、読経や賛美歌の斉唱の制限をするなど、希望する別れができない規則の火葬場もある。柩が火葬炉に納まったあとも、しばらくそこでたたずんでいたいと思っても、次の会葬者がくるという理由で、すぐに待合室に誘導される。

心ゆくまで別れをすることができているかなど、遺族の心情を考えない施設では、葬送行為を制限するなど、会葬者へのしわ寄せが起きている。設置者側は会葬者からの不満の声があがっても、大したクレームと思っていない実状もある。欧米の火葬場でも、通常は柩が火葬炉に納まることを確認しないが、宗教上の理由などから、希望があれば炉前ホールへの入場を認めている。

見送りホールの出現と衰退

火葬場には公的な施設基準がない。それぞれが独自に資料を集め、先進施設の見学を行うなど、他の施設を参考にしながら計画を進めている。見学した施設の影響を受けることも多い。なかには施設の使われ方を調査し、その結果をもとに、計画をする例も見られる。会葬者の移動や職員の作業がスムーズに行えるような動線計画が考えられている。

先述の瑞江葬儀所では炉前の混雑を避けるため、炉前ホールへの入場を三名に制限し、それ以外は柩が火葬炉に入るのを見送ることができなかった。それに対して、見送りホールとは、火葬炉に柩を納める行為を会葬者が炉前ホールに接した部屋からガラス越しに見送ったり、一段高くなったスペースから見送りするなどの方式が

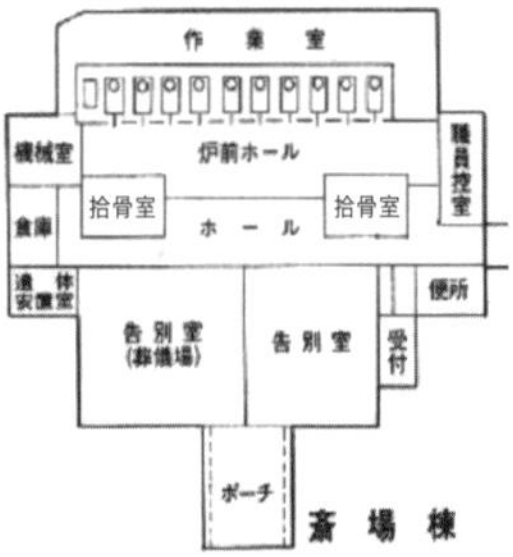

見送りホールを設けた豊橋市斎場

採られている。炉前ホールは代表者のみの場合もあるが、会葬者全員が柩の入炉を見送ることができるというものである。

これからは大規模な施設に設置される場合が多く、柩や焼骨をのせた台車が炉前ホールを移動する際、会葬者との交錯を避けるために設けられ、炉前での作業効率の向上も目的とされている。

炉前ホールをガラス張りのホールから眺めるという方式は昭和五一（一九七六）年三月に竣工した、愛知県豊橋市斎場が初めてである。告別室での告別終了後、会葬者は炉前ホールには入らず、ガラス張りのホールから火葬炉へ棺が納まるのを見送る方式となっている。炉前ホールに立ち入るのは職員のみである。

見送りホールが広まるきっかけとなった要因として、浦和斎場（現さいたま市）の影響が大きい。昭和五五（一九八〇）年一一月に竣工し、火葬炉一二基（竣工時八基）を予定した施設である。従来の火葬場は、火葬棟・待合棟・葬祭棟（告別式会場）の三つの要素を複数（二〜三棟）の建築群として構成しているものが多く、火葬棟と待合棟を渡り廊下でつなぐものが多かった。それに対して、それらを一棟にまとめたのである。

設計者の試みとして、明快で新しい動線計画に沿った平面計画が行われた。設計者は、「一日当たり最大二〇〜三〇体に対応できる将来計画でなければならない。さらに各遺族の希望する時間帯は集中する傾向がある。遺族同士の鉢合わせにも十分対応できる計画となってなければならない。炉前は危険な場所であり、尋常とはい

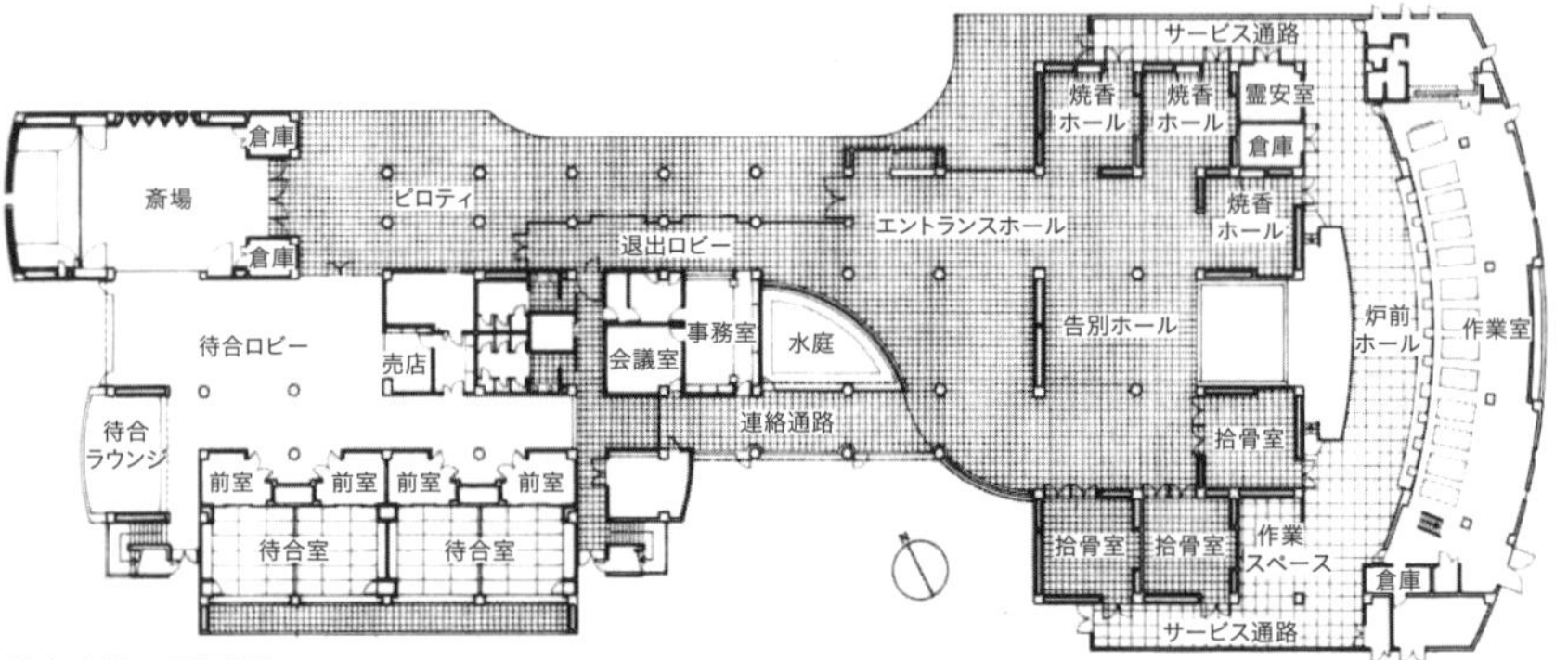

浦和斎場の平面図。
スムーズな動線計画が必要とされた例

見送りホール(告別ホール)から火葬炉を眺める

浦和斎場

所在地：埼玉県さいたま市／設計：石本建築事務所／敷地面積：21,442㎡／延床面積：3,090.55㎡
火葬炉：10基／竣工：1980年

えないお別れの瞬間がそこにあるわけですから、遺族の気持ちを察してあまりあるものでなければならない。スムーズな動線計画がもっとも必要とされるわけがここにある」という。

浦和斎場の竣工以降、見送りホールを設置する火葬場が多くなる。今までにない新しい発想で、目新しさも手伝うとともに、効率的な動線計画であると受け入れられたようだ。

平成元（一九八九）年には『火葬場の施設基準に関する研究』（新・改訂版）が出された。改訂版をさらに充実させたものであるが、ここで建物面積の試算例に見送りホールを組み入れたものが掲載されるとともに、規模が大きい施設では設置される場合が多く見られると記述されたこともあり、これをもとに見送りホールを設置する火葬場が増えた。

しかし、遺族の火葬炉の近くで見送りたいという要求は予想以上に高く、見送りホールを設置した火葬場でも、半数以上で会葬者全員を炉前ホールに入れている。また、炉前ホールの重要性が理解されてきているのか、新につくられる火葬場では、見送りホールを設置する例は少ない。

火葬炉の等級と別れの場

明治八（一八七五）年の火葬再開後、各火葬場からの火葬再開願いにある図面を見

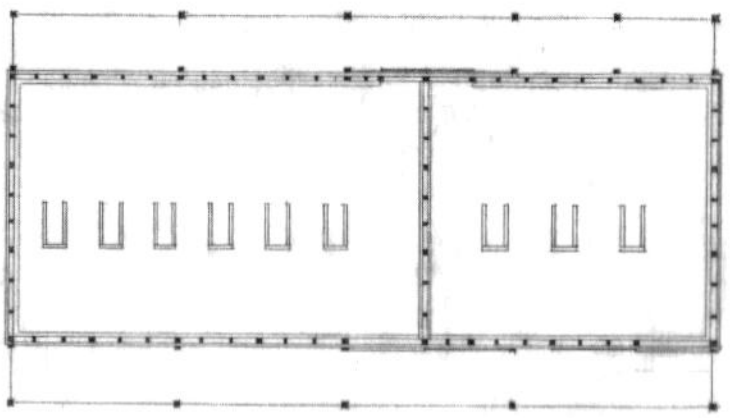

千住火葬地（二点とも）。火葬炉が多く並ぶ部屋は等級が低く料金も安く設定されていた

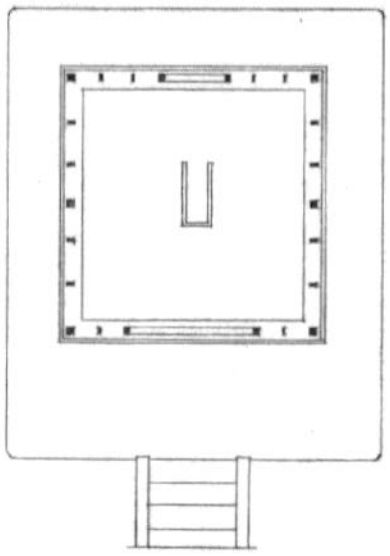

一炉だけで専用となる別火屋

ると、火葬炉の等級は上等、中等、下等に分けられている。千住火葬場では下等は六基の火炉が並び、中等は三基であった。別火屋は上等にあたり、一基の火葬炉だけで、その空間を会葬者が占有できる空間であった。同時に再開されたほかの火葬場も同様に等級が見られた。料金は炉がもっとも多く並ぶ部屋がいちばん安く、別火屋が高く、空間の占有の状況や会葬者集団の輻輳の度合いに応じて料金の設定がなされていた。現在も東京の民営火葬場はその流れを引き継いで、等級が見られる。

公営火葬場では、火葬炉の等級は設けられていない。有料の場合、料金は一律となっている。公営火葬場でも戦前は等級がつけられていた。座棺炉と寝棺炉で値段が違ったり、炉前ホールの混雑状況で等級を分けた火葬場もあった。昭和二三（一九四八）年に竣工した富山県高岡市斎場は斎場正面の火葬炉二基で構成する炉前ホールは等級が高く、その奥に左右に火葬炉が多く並ぶ炉前ホールは、等級を低くしていた。

公営火葬場は、営利事業ではなく、福祉の観点から火葬を行っている。平等さの観点から、火葬炉が一列に並べられる炉前ホールは、民間でいうといちばん低い等級に相当する。

民営では火葬炉が並んでいる場合、中央の化粧扉にデザインを施して値段を高くした火葬場も見られた。火葬炉の中央の炉を予約の際に指定する遺族もいることから、ただ単に火葬炉を並べただけでは、平等には感じられていないようだ。

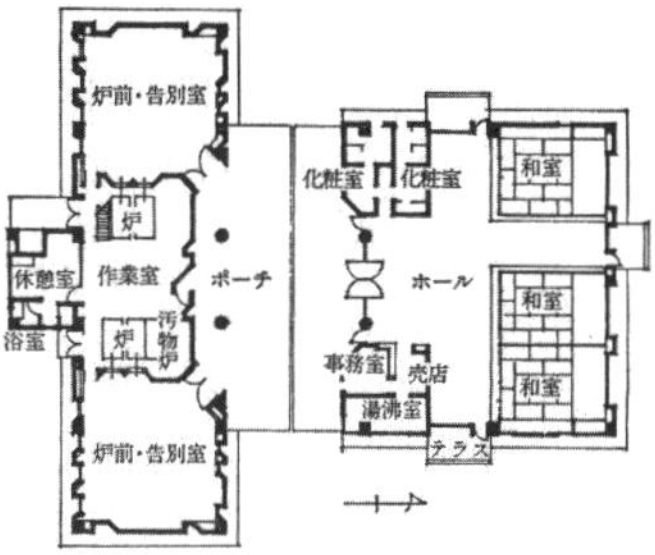

火葬炉を背合せとし、炉前ホールを二分割した、栃木市斎場

地元らしさを考慮した栃木市斎場の外観

炉前ホールの分割

昭和五四（一九七九）年に竣工した栃木市斎場の計画は、火葬炉が四基と小規模の施設であったが、二組同時の別れでも隣を意識したり、配慮することなく自由にできるようにするため、二つの炉前・告別室を火葬炉室で挟んで設えている。告別・見送り・拾骨を炉前ホールで行うことで一連の葬送行為の一体化を可能にさせている。儀式に沿って部屋を移動することがなくなり、滞ることなく動線の単純化を図っている。

この当時の火葬場建築は、まだ火葬炉メーカーによる設計・施工が多かった時代である。これ以前は火葬炉の効率性を追求するため平面計画された火葬場は多く存在したが、火葬場での会葬者の葬送行為のあり方やその雰囲気づくりまでに踏み込んで計画されたのはこれが最初であろう。告別が同時に二組あることを想定しての計画がなされ、一組の会葬者集団がその時間を専用することになるため、ピーク時など何組かの会葬者が集中したときのことが配慮されている。

告別のスペースには柩を安置し、最後の別れに会葬者全員が、ゆとりをもって集まれる広さを確保し、簡素ながら別れの場としてふさわしい、密度の高い空間を目指している。拾骨は炉前ホールで、遺族代表が立会うなか、職員が台車から拾骨トレーに移される。雰囲気を変えるため、炉の前からを拾骨の場に移動し、会葬者の手で骨壺に納めるようにした。遺骨との対面の場となるから、特に空間と雰囲気に

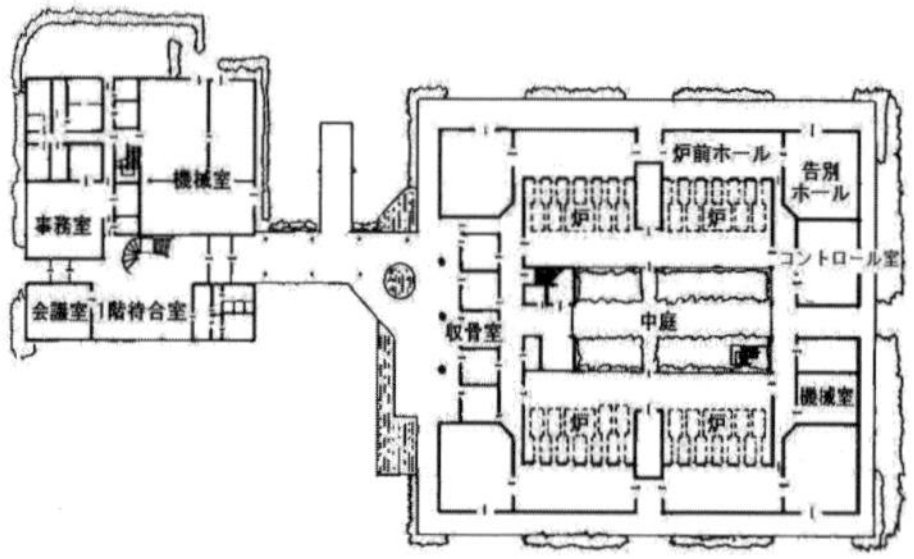

京都市中央斎場の平面プラン。火葬炉六基をひとつのユニットとし、それぞれ専用の入り口を持つ。火葬炉にも自動納棺装置を備え、後ろ出しとし、連続使用も考えた

留意したものである。その結果、告別、炉前での見送り、拾骨が会葬者で占有できる空間を二組用意することにし、このスペースに二基の火葬炉をつけた。二基の火葬場が二つ隣り合わせになるものとしたものである。大谷石を内装に使うなど、積極的に地元らしさも演出した。

現在では、著名な建築家が火葬場を手がけることも見られるようになり、告別室や炉前の雰囲気まで踏み込んで計画される火葬場も多く見られるようになった。しかし、栃木市斎場は建設費が予定よりオーバーしたこともあり、視察対象として積極的に勧められることはなかった。時代が早すぎたのか、コンセプトが理解されことがなく、これに影響された火葬場はしばらくは現れなかった。

京都市中央斎場は、花山火葬場と蓮華谷火葬場を統合し、旧花山火葬場を全面撤去し、その跡地を拡張・造成のうえ、昭和五六（一九八一）年に完成している。

敷地は市街地に近い風致地区内の山林に位置している。火葬炉は二四基と大規模施設であるため、六基をひとつのユニットとする構成をとり、火葬炉にも自動納棺装置を備えた前室を設け、焼骨を後方から出すことにより火葬炉の連続使用も検討された。その結果、火葬炉を一列にただ単に配置するだけでなく、四つのブロックに分けることにより、会葬者集団の交錯を避けるようにされている。葬列車両ごとに待合棟の事務室で受付けを行った会葬者集団は、車でそのまま移動し、四つある告別ホールを受付け順に北、東、南、西の順序で利用する。場内では車両は一方通行になっており、車両が交錯することはない。

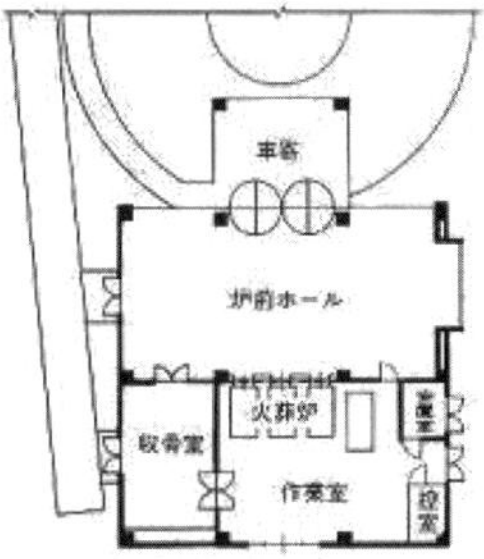

南遠地区聖苑の平面図。柩を前から入れ、焼骨を後ろから出し、拾骨室で拾骨する。

火葬棟は、中庭を中心に、告別ホールおよび炉前ホール火葬炉を六基ずつひとつのブロックで構成し、それぞれに入り口を設けている。告別に関して儀式の個別化が守られるとともに、炉前ホールに火葬炉が何基も並ぶという大規模施設に見られる処理場的なイメージの払拭に努めている。

火葬炉の前から入れ、後ろから引き出す

京都市中央斎場はロストル式の火葬炉で、柩は炉前ホール側から入れられ、自動納棺装置により、火葬炉内のロストル上に置かれる。焼骨はロストル下の骨受け皿に落ち、火葬炉の後ろ側から骨受け皿を引き出し、そのまま骨受け皿ごと炉室に面した拾骨室に運んで拾骨を行うとなっている。

また、前入れ後ろ出し方式の火葬炉は、ヨーロッパ各地などで多く見られる火葬の方式である。京都市中央斎場に先立ち、昭和四七（一九七二）年一〇月に竣工した、北信保健衛生施設組合の北信斎場はこの方式を取り入れた。柩を前から入れ、ロストル（火格子）の下の骨受け皿に落ちた焼骨を後ろから引き出して拾骨室で拾骨する方式であった。

台車式火葬炉でも、前入れ後ろ出しの火葬炉形式として、耐火台車は炉前から引き出さず、炉室から拾骨室に運ぶとした火葬場が昭和五六年（一九八一）年に静岡県南遠地区聖苑に登場した。炉前は告別にしか利用せず、炉前の混雑を解消しようと

後ろ出し方式の北信斎場の火葬炉

いうものであった。
運営効率を追求して考えられた前入れ後ろ出しタイプの平面構成は事例が少ない。この方式に対応した火葬炉を積極的に売り込んだ火葬炉メーカーもあったが、炉前ホールの混雑が緩和される代わりに、炉室内を焼骨をのせた台車が移動するため炉室の面積が大きくなり、炉の操作性も悪くなった。喪主の焼骨の確認方法や火葬用の耐火台車の冷却の問題があり、結局は耐火台車を火葬炉内に戻す必要があるため、動線が複雑になり、作業も煩雑となった。

施設の集約・効率化に向けて

火葬炉三〇基をドーナツ状に配置し火葬炉の操作性と排気の効率性を追求した旧名古屋八事斎場

大正元（一九一二）年、名古屋市は天白村大字八事字裏山（現・名古屋市天白区）に共葬墓地・葬儀場および火葬場を設置する計画を立て、まず墓地と葬儀場の建設を行い。火葬場は墓地の付属施設として大正四（一九一五）年に竣工し、名古屋市八事斎場と名づけられた。

この葬儀場は、当時増加していた告別式を行う目的で建設されたが、とはいえ自宅または寺院において行うものが多かったことと、交通が不便なためにほとんど利用されなかった。昭和一〇（一九三五）年には改築が行われ、火葬炉三〇基の火葬場となった。火葬炉の並列配置を廃し、円形放射回廊式火炉とした。これは火葬炉をドーナツ状に配置し、中央に煙突を設けて排気する施設で、火葬炉の操作性と排気の効率性を追求したものであった。名古屋市の「墓地及び葬斎場概要」によると、この設備は当時としては斬新な着想によるものであり、他都市には見られない特色があると述べられている。しかし、葬儀場は昭和二〇（一九四五）年に、空襲により焼失した。

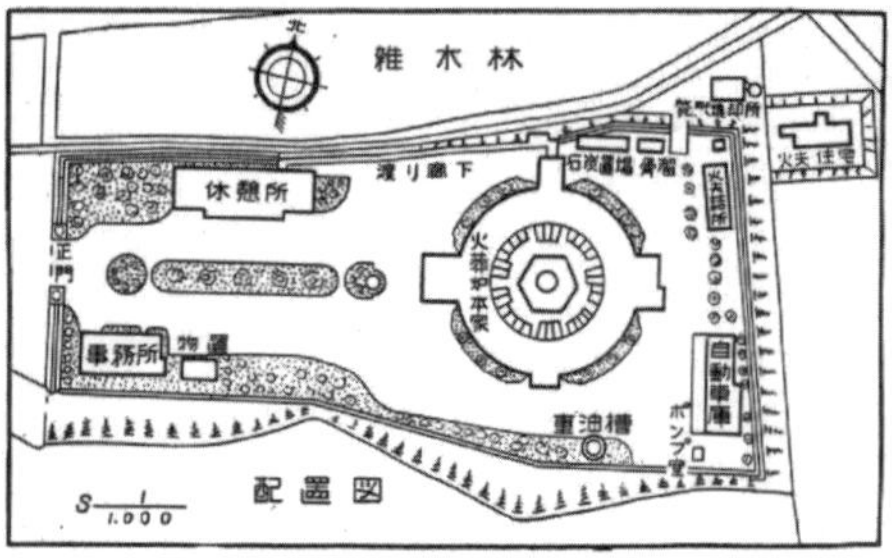

旧八事斎場の配置図。ドーナツ状の火葬炉中央に煙突を配置した

八事斎場は、火葬炉の効率性を追求した結果、円形平面という形態となったと考えられる。告別室はなく炉前室のみである。その後、建て替えが行われたが、平面計画の考え方は、旧施設を踏襲しており、炉前ホールだけとなっている。現在の火葬炉数は四六基で、炉数では日本最大の火葬場となっている。多くの会葬者が集まり、輻輳が見られ、告別と拾骨が混在し、十分な別れができないような状態となっている。

火葬場が持つ機能には火葬のほかに、遺体の保管・お清め・葬儀などがある。その地方、地方での慣習や設置者の運営方針を尊重する必要があるが、一般的には霊柩車を先頭にした葬列を雨風から避けながら迎える車寄せ、最後の別れを告げる場、柩を炉に納めることを確認する場、火葬を執行する装置とその時間をゆったりと待つ場所、そして遺骨と対面し拾骨も執り行われる場が求められる。

一方、葬儀場としては、荘厳な葬儀、その人らしい別れの場としての式場、受付けを含む会葬者の集うロビー、遺族や僧侶など関係者の控え室、通夜振舞いが十分に行えるスペースが求められる。遺体の安置や近親者の仮眠スペース、浴室やシャワー室までを備えることもある。

地域の慣習によっては、柩を火葬炉に納めると全員が帰宅するところもある。また、先に火葬場で火葬を行い焼骨での告別式を執り行う場合と、遺体のまま告別式を行い、その後火葬場で火葬を行う場合がある。

火葬場を各市町村が単独で設置するのか、いくつかの市町村が集まり、一部事務組合を設けて広域にして建設するのかなど、設置主体の検討も必要となる。自治体単独で設置する場合も、施設を集約するのか、分散させて配置するのかなどの方法もある。対象地域をどうするかは、利用者の利便性や規模計画を含め運営形態に大きく影響するため、十分な検討が必要となる。

施設を集約すると効率的であるという考えが見られるが、実際は、小規模施設では一基当たりの建物面積が小さく、規模が大きい施設では建物面積が大きくなっている。

火葬場の平面構成が火葬場での葬送行為に及ぼす影響について見ると、炉前ホールだけで構成される一体型と比べ、各行為を行うスペースを分離して平面構成が複雑になる場合は、葬送行為を制限する傾向が強い。会葬者の人数を制限したり、会葬者の炉前ホールへの入場の制限が行われている。また、職員一人当たりの受入れ可能件数や実施火葬数ともに少なかった。

それでも火葬効率を追求しようとした場合、葬送行為や会葬者の数を制限しようという考えになり、その結果、遺族の不満にもつながっている。

第二次大戦前までは各地に民営火葬場が多くつくられた。民営火葬場ではサービス内容に応じて、料金形態が異なっていた。地方公共団体が整備するようになり、火葬を住民福祉の観点から政策的な料金体系とし直接の料金負担を少なくするとともに、均一なサービスとなった。

建設にあたっては、立地や場所の確保が主眼となりがちで、これまでともすると火葬場内での葬送行為については関心が低くかったといえよう。施設の集約化により、火葬炉の効率化と職員の作業性の向上が中心となっており、火葬炉数が常に計画の中心であった。火葬場での葬送行為を考慮せずに、一日当たりの火葬数を導き出し、火葬炉が何回転できるかを決め、それをもとに火葬炉数の算定を行い、火葬炉をただ単に並べることが行われていた。どちらかというと、施設を集約して火葬炉を多くすることが効率的であると考えられてきた。

火葬場には故人との最期の別れのために会葬者は集まる。会葬者の人数や火葬場での葬送行為をどのように行うかは火葬場の建築計画や運営に大きな影響を与える。火葬炉数が多くても、平面構成が会葬者の受入れに対応していなければ、実際に行える火葬数は増えない。

施設の集約化による規模の拡大は、会葬者がとどまるスペースが広くなり、火葬炉一基当たりの面積の増加につながることになり、建設費も増える。また会葬者の移動距離も長くなり、滞在時間も長くなることから、火葬のスケジュールも影響を受けることになる。各葬送行為を行うスペースの分離は、動線を複雑にし、職員の労力も増えて人件費の増加となり、火葬費の増大にもつながってしまう。

大規模な火葬場が効率的に見えるのは、炉前ホールへの入場制限など葬送行為を制限するといった一面があるからである。また職員の不足には、葬儀業者が案内誘導などを含めサポートをしているからである。

会葬者の心情を含み、施設運営にも注目しなければ、そのような問題点はなかなか見えてこない。施設には会葬者の集まりやすさを含め、適正な規模での分散が求められるのである。

火葬船による火葬

火葬船はいつの時代でも注目されてきた。従来から火葬場の建設用地を確保するのが困難であったため、海の上で火葬を行おうという考えは明治まで遡ることができる。

大正9(1920)年に、以前から許可申請が出されていた火葬船の許可が下りている。大正9年9月14日付けの読売新聞に「水上に出來る火葬場」として大きく報じられている。

火葬船を使用した場合は、港にある葬場殿で葬儀を行い、棺自動車を繋船された火葬船に乗り込んで火葬を行うものであった。火葬船の考えは明治初期のコレラの大流行時まで戻るが、このときは許可されなかった。火葬船葬禮株式會社の火葬船は警視庁から許可を受け、株式募集の新聞広告も出されたが、船の発着場や漁民などにより各地で大きな反対運動が起こり結局、実現はされなかった。

海の上なら周辺に住宅がないということで、反対がないだろうという発想からであるが、火葬そのものに対して、理解がなければ、嫌悪からくる反対運動はなくならない。

火葬船に関してはその後もいくつかの特許が申請されている。火葬船が実在していたのは第二次世界大戦中である。火葬炉メーカーの資料によると、昭和15年11月に海軍省の特命により全病院艦船に施設中の火葬炉を、東博式無煙無臭火葬炉に改修とあるが、これは一般の葬送のために考えられたものではなかったと思われる。

移動式火葬炉

現在は移動式の火葬炉はペット用で見られるのみであるが、以前は火葬車が台湾に納められたりしたこともあった。

こうした、移動式火葬炉の考えもまた同様古い。大正12(1923)年に福岡県の箱島作太郎と箱田榮太郎により移動式火葬窯の特許が出願され、大正14年に特許が下りている。火葬炉に車輪をつけ随所に移動できるものとして考えられたものである。箱田榮太郎は火葬炉に関して、ほかにも多くの特許を取得していた。

さらに進んだ考えとして、自動車の車体に火葬炉を設置した移動燒棄爐の特許が箕山信一、桑原吉藏、中村陸治によって大正13年に出願され、大正14年に特許が下りている。

火葬炉の燃焼にも自動車の動力を用い、病院から出される菌がついた物品や手術による廃棄物、また遺体の火葬を行おうとしたもので、それらを火葬場まで運搬することなく、その場で火葬を行うことにより、病原菌の拡散を抑えることを目的としていた。

これは伝染病対策のためのものであろう。実現されたかは不明であるが、このほかにも何種類かの移動式火葬炉が考え出されていた。

コラム column

火葬船と移動式火葬炉の提案

「移動焼却炉」として特許申請された移動式の火葬炉(特許第64803号、大正14年)

火葬船葬礼株式会社の株式募集の広告(読売新聞、大正9年11月4日)

第二章

弔ひの建築

火葬場のいま

火葬場の役割

火葬場に、霊柩車を先頭にした葬列が到着する。会葬者をスタッフは雨風を避ける車寄せで出迎える。玄関ホールを通り告別の場に導かれ、焼香などで最後の別れを告げる。柩が炉前ホールに移され、火葬炉に納められたことを確認する。火葬が行われている間、待合室では会葬に来た人たちが時間を過ごす。火葬炉内では、高温燃焼で白骨化される。火葬終了の案内があると、拾骨の場で遺骨と対面し骨上げが行われる。火葬証明書とともに骨壺が渡され、火葬場をあとにする。地域の慣習によっては、柩を火葬炉に納めると全員が帰宅するところもある。先に火葬場で火葬を行い焼骨での葬儀・告別式を行う、いわゆる「骨葬」が行われている地域もある。

市街地に近い利用しやすい場所にある施設では、火葬場に併設された葬儀式場の人気が高い。式場利用も順番待ちとなり、霊安室も常にいっぱいとなっていることもある。葬儀の場としては荘厳な、あるいはその人らしい別れの場としての式場、受付けを含む会葬者が集うロビー、遺族や僧侶など関係者の控え室、通夜振舞いが十分に行えるスペースが用意される。遺体の安置スペース、近親者が仮眠をとることができたり、浴室までが完備されているところもある。また式場を使わずに炉前ホールで僧侶の読経により儀礼を済ませる場面も見られる。

　焼骨に対する考え方は実にさまざまである。墓地や納骨堂に納めるだけでなく、分骨とその証明書、自然葬のための粉骨とその設備も設けられている。さらに、家族の事情から遺骨を引き取りたくないということもあり、書面を残してもらうケースもあるという。このように火葬場の持つ役割と葬送全般との関連が強いことは、火葬場本来の姿に戻ってきていると考えられる。さらに火葬場が古くから持っていた、遺骨を埋葬する墓地としての役割の復活を考慮する時期にきているとも考えられる。

　火葬場は一部民営の施設を除き、地方自治体が単独で設置するか、いくつかの市町村が集まり、一部事務組合により建設・

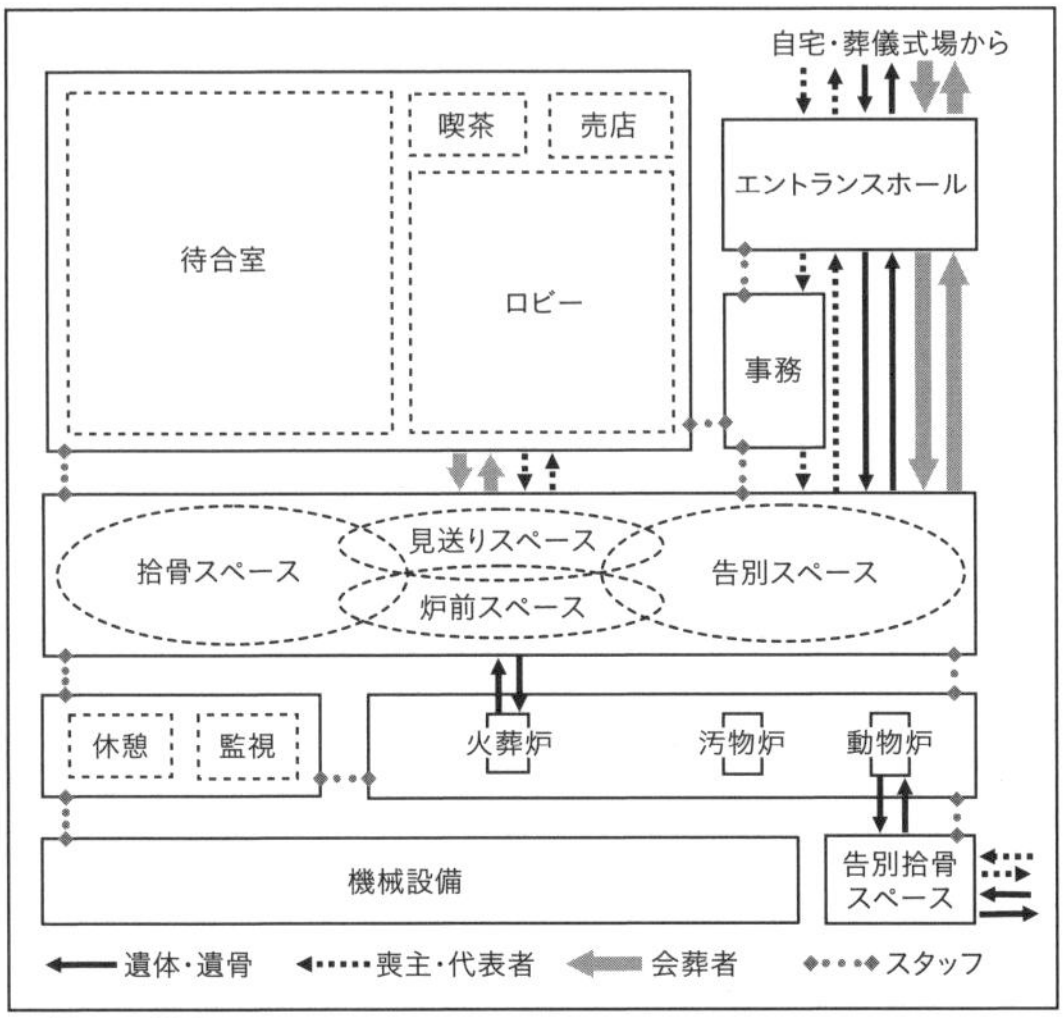

火葬場の機能図

運営されている。建設・運営にあたっては国からの補助制度はなく、自治体の単独事業とされている。設置者の考えや地方によって、施設の設備もサービスも多様である。施設の規模についても、集約して一定の大きさにする場合と、自治体単独でも分散配置する例もある。利用者の使いやすさを重視すべきであろう。

死を受容する場

従来よく見られる火葬場は、壁の仕上げに凝り、天井が高くトップライトで採光するというように、意匠が凝らされた炉前ホールに、火葬炉が一列に何炉も並べられている。その理由は、火葬炉を操作する上で効率的であると考えられてきたためだ。しかし、もうひとつの理由は、公営であるから遺体を平等に扱うことが重視されてきたからである。明治初期の火葬再開でわが国の火葬場は民営から始まったが、その後、公営にする方針で整備が進められた経緯を持つ。民間の施設では、炉の数が少なく個室風が「上等」で、炉を多く並べられている部屋が「中等」「下等」であった。第二次大戦後民営から公営化に転換する流れのなかで、差別化の解消に気をとられてきた結果であろう。

現地で会葬者の様子を見ると、全員が炉の近くに集まり、柩が炉にしっかり納まるのを確認している。なかなかその場を離れようとしないケースも多く、炉に遺体を納める瞬間を確認したいことが明らかである。炉の数が多くなると、同じ時間帯に数組がかち合うことも避けられなくなる。運営している側もその点を考慮して、炉前には一組しか入れないようにしているところも見られる。このことは、故人との最後の別れを、遺体が火葬炉に納まるのを見届ける行為で確認しているといえよう。また焼骨を確認し、遺族らが骨上げを行い骨壺に入れる。柩が炉に納まる前と拾骨の際には遺族の心情には変化が見られ、そのことが故人の死を受容する場になっている。

葬儀の順序と火葬の時間帯

火葬と葬儀をどちらを先に行うかは、地域の習慣によって異なる。葬儀をしてから火葬を行う後火葬といわれる地域と、火葬を行ってから葬儀を執り行う前火葬の地域がある。その違いにより、火葬場に参列する人数、火葬を始めたい時間帯も異なってくる。前火葬の地域では、葬儀のあと、そのまま遺骨を埋葬する地域もあり、土葬の習慣を引き継いでいると見ることができる。したがって、火葬場を利用したい時刻は同じとなることが多い。火葬場によっては予約時間を設けずに到着順で火葬を行うところもあるが、予約時間を設け、会葬者が火葬場で待つことがないようにするところでは、葬儀時間と調整しながら火葬の予約が行われる。

一……葬儀後火葬を行う地域の予約時間別の火葬申込み状況

S市営斎場は告別と拾骨する部屋を分離しているプランで、火葬炉数は一二基である。告別室と拾骨室がそれぞれ三室ずつ用意されている。火葬予約時間は九時三〇分から一時間ごとに三件ずつ受け付け、最終の一五時だけは一件となっている。この斎場には大式場一室、小式場一室の計二室の葬儀式場がある。大式場を使用した場合は一二時三〇分が出棺となり、小式場を使用した場合は一一時三〇分となる。ここは友引が休日となっている。

もっとも利用が多いのは一二時三〇分で全体の二五パーセントを占め、次いで一一時三〇分の二二パーセント、一三時三〇

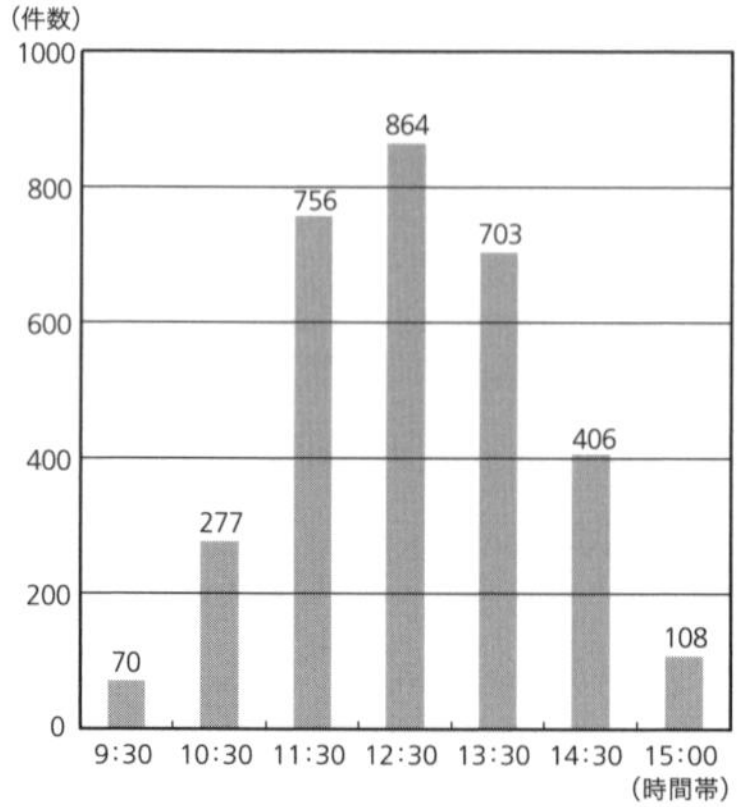

葬儀後に火葬を行う地域の火葬申し込み状況
(S市営斎場)

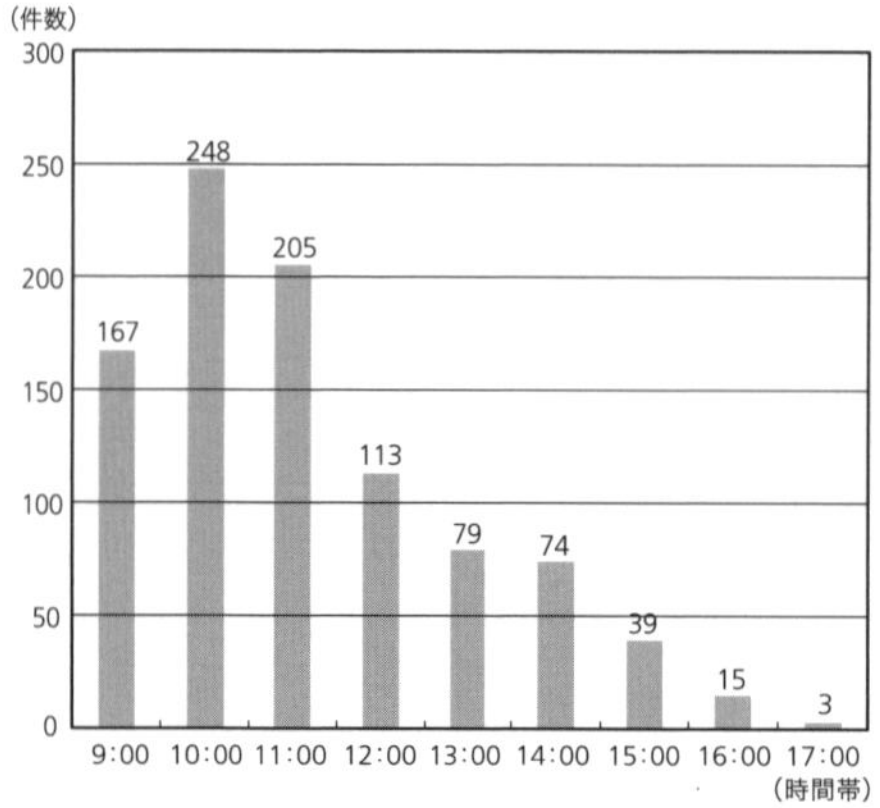

火葬後に葬儀を行う地域の火葬申し込み状況
(H斎場)

分の二一パーセントであった。この時間帯で六八パーセントを占めている。九時三〇分は二パーセントとほとんど見られない。一二時三〇分の年間の火葬総数は八六四件で一日平均は二・八六件となり、ほとんどの日の予約枠がいっぱいになっている。

二……火葬後に葬儀を行う地域の予約時間別の火葬申込み状況

H斎場は拾骨する場所を独立させたプランで、火葬炉は三基である。炉前ホールと拾骨室が一部屋になっている。火葬の予約は九時から一時間ごとに一件ずつ受けている。時間帯でもっとも多かったのが一〇時の二六パーセントで、次いで一一時の二二パーセント、九時の一八パーセントであった。午後は少なく、一〇時を中心に午前中に集中し全体の七八パーセントを占めている。

炉数の算定

火葬能力は火葬炉数と火葬炉の回転数がもとになる。火葬場内での葬送行為がスムーズに行えなければ、火葬炉数を増やしても、実際の火葬能力は増えない。また、増設スペースに火葬炉を増やしても、プラン上対応できなければ、火葬受入れ件数は増えないこともある。

埼玉県のO斎場は、告別と拾骨を分けるプランで、告別ホール一室、炉前ホール一室、拾骨室二室となっている。告別ホールで僧侶の読経と会葬者の焼香が行われる。炉前ホールに全員が移動し柩の入炉を見送る。火葬中は待合室で待つ。火葬が終了すると焼骨は拾骨室へ運ばれ、拾骨が行われる。建設当初は火葬炉三基で稼動していたが、平成九(一九九七)年に火葬件数の増加のため用意されていた場所に火葬炉一基を増設した。増設前の火葬予約時間は、九時から一時間ごとに一件ずつ受け付け、一日最高六件の火葬を行っていた。平成一二(二〇〇〇)年に、予約時間の見直しを行い、再検討の結果、一時間ごとの受付けを短縮して五〇分間隔とし、最高八件の火葬を行えるようにした。一二時前後の火葬の希望がもっとも多いが、平面プランから、告別を行うスペースが一つしかないため、他の会葬者集団と重ならないように配慮すると、同時刻に二組の受入れは困難である。そのため、希望の多い時間帯の受入れ数を増やすことができなかった。

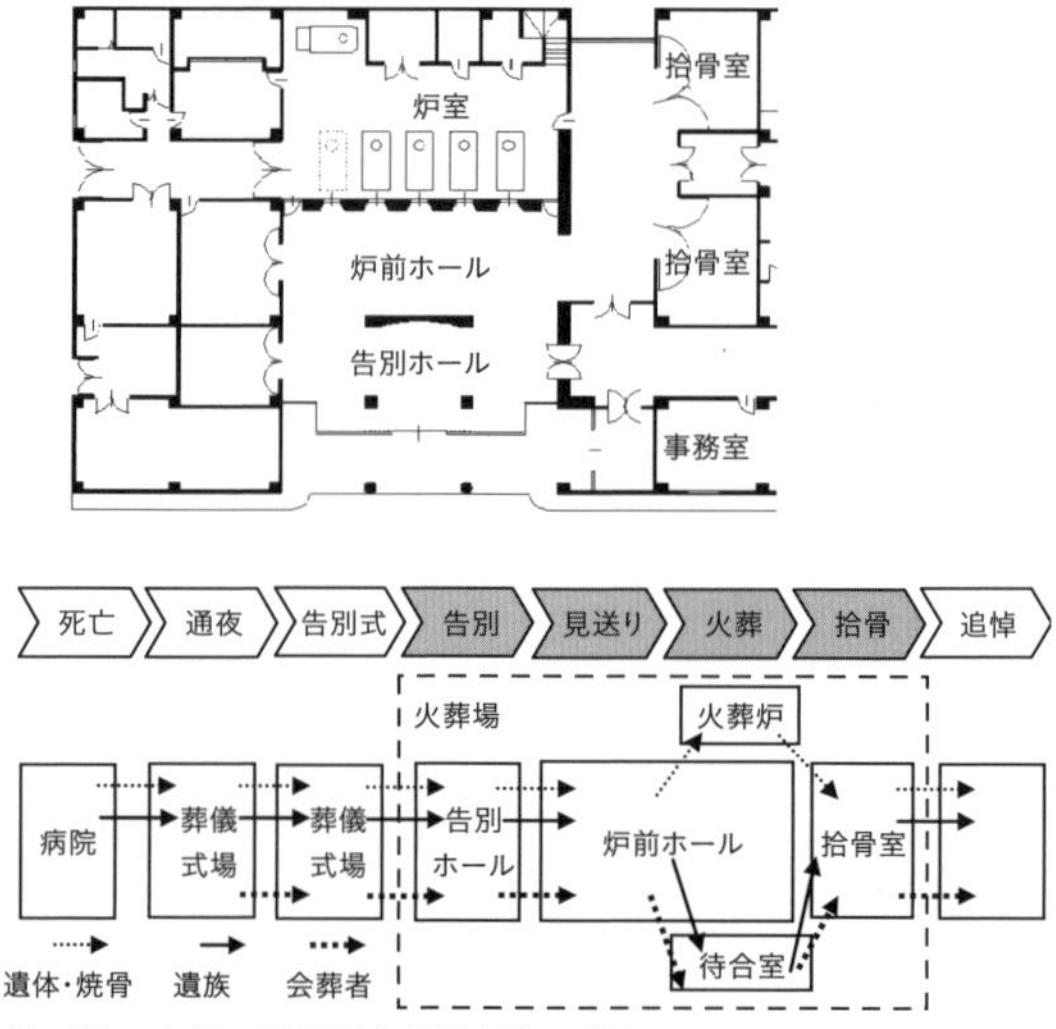

埼玉県O斎場の平面図と葬送行為の流れ

火葬場の規模は、火葬炉数で表現されている。都市計画決定の内容は敷地面積で、面積算出の根拠となる火葬炉数が必要となり、火葬能力が重要な決定内容となっている。火葬場は生活にかかわる重要な都市施設として都市計画決定の対象施設に位置づけられている。それにもかかわらず、その建設や運営は地方自治体に任されて、国からの補助制度の仕組みからはずされている。

火葬炉数の算定方法は、施設利用時点での対象圏内の死亡者数と火葬率の推定をもとに、集中傾向を加味し一日当たりの火葬件数をはじき出す。そこから火葬炉の運転計画を立て、必要炉数を算出してきた。火葬炉数は火葬の受入れの方法や火葬炉の使い方など火葬場の運営プログラムと密接な関係にある。

扱うことができる火葬件数は、建物のプランに大きく影響する。想定した火葬受入れ数に対して、前後の受け入れる時間帯の間隔と同時間帯での受入れ数をもとに火葬数を導き出す。と同時に受付け数に対応させるように、平面計画を組み立てていくことになる。

公的施設基準とその持ち味

火葬場の『施設基準に関する研究』は、火葬場を補助金対象施設とするには施設基準が必要であるとともに、施設の質の向上を目的に行われたものである。昭和四五（一九七〇）年当時は、まだ集落管理の火葬炉しかない火葬場や伝染病対策での施設も多かった。これらの狭隘で設備も貧弱な施設が火葬場のイメージを悪くしていた。本来の火葬場のあり方から施設水準の向上を図ることが求められていた。そのためには、質の高い建築と公害を出さない火葬炉技術が求められた。そのベースとなる厚生科学研究は昭和四五年、五〇（一九八〇）年、六四（一九八九）年に実施され、筆者らも参画した。そこでの施設面積の試算例が示されている。八九年の新改訂版での試算例の根拠となった分析結果は、日本建築学会の『地域施設計画研究』（一九八九年）で発表している。

ここでは同時に使用できる火葬炉の数などを設定し、試算している。小規模施設を含め、告別室や拾骨室を設け、さらに六基以上では見送りホールも考えられた。火葬場の立地を市街地内と距離をおく郊外に分け、二基と四基が告別と拾骨を分ける型、六基、八基、一〇基、一二基で見送りホールのあるタイプで試算された。また葬儀式場は立地と規模で選択した。火葬炉を同時に使用する試算は、二基では一組、四基と六基では二組、八基と一〇基では三組、一二基では四組とした。

試算例は火葬炉数に応じて、関係諸室の面積を増やしたものであるが、実際は試算例との乖離が見られ、試算例どおりの室構成とした場合、規模が大きくなるにつれて動線計画が複雑になり、エントランス部分や各室の前室など会葬者集団が一時的にとどまるスペースが必要になり、面積が多くなっていた。

地域によって葬送習慣が異なるため、試算例は参考程度と考えられていたが、この試算例をもとに、パズルのパーツを組み合わせるように計画したり、大規模な造成により敷地の周囲がコンクリートの擁壁で覆われ、景観が損ねられる例もあった。また火葬炉数と諸室の数にこだわって延床面積を抑えたことにより、各室の床面積が小さく、会葬者があふれる施設が生まれる弊害も見られた。

景観としての火葬場

火葬場は、存在自体が人々に強い印象を残すことが多い。施設周辺の住民にとっても日常の景観として周囲の景観にとけ込むようなものが望ましい。本来、火葬場が持つべき別れの場、葬送の場となるように配慮し、使用者や周辺住民に満足感を与える雰囲気づくりが望まれる。

建設当時は郊外であった火葬場も、市域の拡大とともにしだいに市街地にのみ込まれ、敷地境界まで住宅が迫るようになった火葬場も多い。その多くは住宅と隔絶する必要がなかったため、もともと敷地が狭いケースが多い。対象人口の増加もあり、同じ敷地内での建替えが困難となり、より郊外へ移転を余儀された火葬場も見られるようになった。従来から、火葬場と周辺環境との関係はいろいろと配慮されてきた。その好例を見ておきたい。

黒松林の砂防林を背にする酒田市葬祭場

酒田市葬祭場

所在地：山形県酒田市／設計：酒田市＋八木澤壯一／敷地面積：3,950㎡／延床面積：537㎡／火葬炉：4基
汚物炉：1基／竣工：1975年

歳月の変化を予測する

建設当時から将来の姿を見込んでの好例が、東京都営火葬場瑞江葬儀所である。東京市は公営の火葬場を葬務緑地と位置づけて指導的な計画を行った。市区改正事業による火葬場の外に、東と西にそれぞれ一カ所ずつ予定され、多磨墓地の付属施設としての多磨火葬場（実際は建設されず）と、瑞江火葬場が都市計画火葬場として計画され、敷地面積一万二〇〇〇坪（約三万九六三六㎡）で、昭和一二（一九三七）年一二月に竣工した。

敷地内に火葬場と周辺と調和を図る環境緑地を設け、花や樹木が植えられ、全体が公園風に計画されている。当時の敷地周辺は人家もまれで長閑な田畑のなかにあったが、都市計画上は住居地域になっているため、将来の宅地化を予測し、広大な敷地を確保した。その後施設も老朽化が見られたため、昭和五〇（一九七五）年には敷地を拡張することなく、既存施設を稼動しながら改築工事を行われた。現在、周辺が宅地化されたなかにありながら、広大な敷地には緑あふれる庭園が設けられ、地域との調和が図られているとともに、別れの場として会葬者の心をなごませる環境をつくり出している。

しずかの里とため池

しずかの里
（三木・長尾葬斎組合葬斎場）

所在地：香川県木田郡三木町／設計：八木澤壯一（総括）＋NUK 建築計画事務所／敷地面積：31,033.94㎡／延床面積：1,796.515㎡／火葬炉：5基／汚物炉：1基／動物炉：1基／竣工：1999年

ふるさとの風景を抱く

火葬炉の技術革新が進むなかで煙突を意識させず、周辺との調和が図られた例として、山形県酒田市葬祭場がある。火葬炉一基ごとの短い自然排気の煙突としたものである。敷地は国有林の払い下げで日本海に面した黒松の砂防林にあり、江戸時代からの由緒ある林で、酒田を代表する風景としてとらえられている。設計者はさらに積極的にこの黒松林を取り込み、駐車場と建物の間に庭園としてこの黒松林を残したいと意図し、林野庁に掛け合ったが、一九七〇年代と時期が早かったためか認められず、敷地外の黒松林を借景としている。

香川県三木・長尾葬斎組合火葬場、しずかの里は、讃岐平野に位置している。熊田池を左に、鍛冶池を右に見ながらのアプローチ。回廊に沿うインターロッキングの柔らかな色彩で舗装された構内道路から、常に正面に白山の鋭い姿が望めるようにしてある。駐車場は回廊レベルから一段下げられ、池と白山、それに街の遠望を妨げないよう配慮されている。山に向かういくつかの谷も、できるだけ現在の風景を残すことに務め、尾根筋はほとんど現状のままとされている。高木を保存し、棚田を

風の丘葬斎場

所在地：大分県中津市／設計：槇総合計画事務所＋ササキ・エンバイロメント・デザイン・オフィス（ランドスケープ）／敷地面積：33,316.85㎡／延床面積：2,259.88㎡／火葬炉：6基／竣工：1997年

風の丘と一体化した風の丘斎場の外観

再現し、なじみやすい景観がつくられた。そこはまさに公園であり、「自然の中にとけ込んだ故郷の景色に還る」場所の存在を自然に意識できる場になっている。

歴史ある葬送地を生かす

風の丘葬斎場は大分県中津市郊外の丘陵地にある。敷地内には土坑墓や火葬墓の遺跡があり、保存と集落墓地の移設も伴った古墳時代から近世まで続く墓地群で、古墳から火葬墓へ、墳丘を持つものから持たないものへと墓制の変遷をたどれる貴重な遺跡である。八つの古墳、方形周溝墓がひとつ、火葬墓が一七、土壙墓が七つ確認され、調査終了後、土盛りによって保護され、その上に遺構が再現されている。火葬場の南にこれらを含めて新たな丘が築かれ、周防灘から内陸へ向かって山並みへとつながるランドスケープに建築もとけ込んでいる。

一方、兵庫県太子町の筑紫の丘斎場は、既存の火葬場の改築で、人家に近く、立体で走る、巨大構造物の国道二号線が隣接している。敷地は作用丘と呼ばれ、周囲より高く、遠くからも眺められる。古来より祈りの対象として古墳や墓地が集まって

裏山と一体化したデザインの筑紫の丘斎場

筑紫の丘斎場

所在地：兵庫県揖保郡太子町／設計：遠藤秀平建築研究所＋TIS & PARTNERS(構造)／敷地面積：12,658㎡／延床面積：2,315㎡／火葬炉：6基／動物炉：1基／竣工：2002年

いる場所である。筑紫大道と呼ばれる鎌倉時代の古道が敷地の中を通る。建物を印象づけようとし、外壁は御影石の大きな壁で取り囲む。この壁は御影石の割り石で、自然石を生かした表面、平滑仕上げで築かれている。周辺道路の整備と敷地の公園化も行い、門や柵がなく敷地に自由に出入りができ、どこからでも眺められるようになっている。

山の木々とともに葬送する

山形県金山町火葬場は、施設とその環境が融合した例といえる。金山町を代表する杉の森の中にあり、建物は少しでも杉の木立を残すように計画されている。土地の高低差を利用して森の中を抜ける風を遮らぬよう、浮いた高い床で組まれている。告別の場はそこにあり、炉前ホールからは杉の木立が目に入るようになっている。

設計者は「峠から見るその森は、ひとつの結界のようにも、また町の守りのようにも見える。あらかじめの知識がなくその風景を前にしても、眼前の全景の中に占めるその位置も、その印象も、そこがとても大切な場所であることはひと目で明らか

森の中心を別れの場とした金山町火葬場

金山町火葬場

所在地：山形県最上郡金山町／設計：益子義弘／益子アトリエ／敷地面積：5,033.17㎡／延床面積：375.03㎡／火葬炉：1基
竣工：1995年

である。森とそこに宿された深い森。その森は奥深さと静けさにおいて、それ自身が清い斎場にもなっている」という。

青森県弘前市斎場（八六ページ参照）は、既存の施設を替えた施設である。敷地は市内の禅寺が集まる禅林街を抜けた奥に位置している。この場所が火葬場の適地と考えられ、裏の杉山も敷地に組み入れられた。

杉山を少し削り、りんご畑をならして平らな部分に盛土し、進入路の勾配を少なくした。岩木山に向かって煙が上り、山に向かって死者が葬られようにと、火葬棟の背景になるように配置されている。駐車場は一段下げられてりんご畑が続いて見えるようになっている。弘前城の桜で有名な街らしく、桜の木も残され、弘前らしい風景になっている。旧火葬場の赤れんがの煙突は残す予定であったが、工事中に秋田沖地震で倒壊したため、そこには残灰を納めるための霊灰塔がある。

住み慣れた町並みのなかでの別れ

滋賀県近江八幡市火葬場、さざなみ浄苑は旧火葬場近くの敷地での計画例である。設計の各段階において、さまざまな立場

裏の杉山を背に大屋根が会葬者を迎える弘前市斎場

のできるだけ多くの人々の意見が取り入れられるよう、議論、検討を経て、同意を形成していくことで、地域にとって最良の施設としていく考えのもとで、設計が進められた。

近江八幡市民にとって大切な場所として認識されること、親しまれることを目的に計画された。日杉山を背に、近江八幡の町並みをモチーフに、和風を基調とし、緑青銅板葺きの回廊の屋根が水平にのび、分節した勾配屋根が連なる。この勾配屋根や建物の分棟などにより、大きなボリュームとなることを避けている。土、焼きもの、瓦、木、銅版など当地の風土に根差した自然材料を使用している。

周囲の豊かな自然とのつながりを考慮し、東側の墓地もある日杉山との調和、西側の田園風景や日牟礼八幡宮の御旅所、遠方の比良山系などが望めるようになっている。庭には、四季折々に花が咲くように樹種が選定されている。

近江八幡さざなみ浄苑
所在地：滋賀県近江八幡市／設計：共同設計＋水原建築設計事務所／敷地面積：12,334.03㎡／延床面積：2,359.70㎡／火葬炉：4基＋予備スペース1基／特殊炉:1基／竣工:2005年

近江八幡の町並みをモチーフにしたさざなみ浄苑

建築設計のポイント

公共の施設であるので、特定の宗教の様式に基づくことはできない。たとえば、埼玉県加須市にある、メモリアルトネでは「輪廻転生」をテーマに、わかりやすく円をデザインモチーフとし、建物は円形にデザインされた。建物に東西南北の軸線を引き、天の四方を司る四神の青竜、朱雀、白虎、玄武などのシンボルカラーを使って配置されている。魂が天に昇るという意味から、炉前にトップライトをつけて演出する。

岐阜県各務原市の瞑想の森市民斎場は、隣接する市営墓地とともに里山の豊かな緑に抱かれ、溜め池の水面に四季の風景が映る公園墓地、瞑想の森の一部として再生され、その中心施設となるものである。人生の終焉は、荘厳かつ厳粛、葬送の場にふさわしい、文化施設でなければならないという考えのもと、「静けさと自然に還る」がコンセプトにされている。いちばんの特

玄武のイメージでデザインされたメモリアルトネの炉前ホール

徴は、自由曲面シェル構造の白い屋根であり、告別室と拾骨室以外は、この屋根の曲面がそのまま天井となっている。

地域性を求めたものとして、山形県酒田市葬祭場は、地域を象徴する長い歴史のある黒松林の中に位置し、自然に還るイメージを持たせるため、炉前ホールをガラス張りにして黒松林を見せるデザインとした。栃木市斎場は告別・見送り・拾骨を炉前ホールで行うことで一連の葬送行為を一体化・同時化させた、火葬炉まわりの壁の仕上げに地元産の大谷石を焼成したものを使うとともに、火葬炉の扉を目立たなくした。

炉前ホールをガラス張りにし、
黒松林を望むデザインとした酒田市葬祭場

野辺の送りを迎える場

車寄せは、霊柩車を先頭にマイクロバスまでの葬列を包み込むことが求められる。その幅と高さが重要で、スペースの印象

瞑想の森

所在地：岐阜県各務原市／設計：伊東豊雄建築設計事務所＋佐々木睦朗構造計画研究所(構造)＋石川幹子(ランドスケープ)／敷地面積：6,695.97㎡／延床面積：2,264.57㎡／火葬炉：5基＋予備スペース1基／動物炉：1基／竣工：2006年

自由曲面シェル構造の白い屋根が告別空間を覆う、瞑想の森

は火葬場に到着したときに受ける雰囲気に関係してくる。特に高さは重要で、高さが十分でないとマイクロバスが車寄せ内に進入できないことがある。回廊形式で葬列を迎えるものや、屋根つきの外部のホールとするものも見られる。

弘前市斎場は、上から屋根を見下ろすようにし、凍害を考え火葬棟の屋根と車寄せの屋根を一体化している。車寄せの豊かな屋根が天候の悪い日でも葬列をすっぽりと覆っている。

埼玉県越谷市斎場は、式場で告別式を行う会葬者と火葬のみ

回廊形式とし、葬列を迎えるしずかの里

車寄せの大屋根が葬列を覆う弘前市斎場

大型バスもすっぽりと覆う大屋根がかけられた越谷市斎場

越谷市斎場

所在地：埼玉県越谷市／設計：日建設計＋大林組
敷地面積：32,200.00㎡
延床面積：8,507.98㎡／火葬炉：14基／動物炉：1基／竣工：2005年

を利用する会葬者用に、それぞれ専用のエントランスを設けている。火葬棟の車寄せは約三〇×二〇mの広さを持つ専用空間とし、大型バスも包み囲む大屋根が掛けられている。混雑時や交通事情による会葬者の重複時にも、天候の悪い日にも気にせず葬送の進行が可能となっている。

香川県三木町のしずかの里は、池に面した駐車場より一段高い自然石の石垣の上に長い回廊が配置され、内側が車路となっている。いつも目にしていた風景のなかに別れる場をつくりたいとの考えから、地域を代表する用水池と白山の眺めが絶えず視界に入るよう葬送の空間がイメージされ、回廊からそれらを眺めることができるとともに、希望があれば回廊で野辺の送りを行うことができる。

近江八幡市のさざなみ浄苑は、回廊からエントランスホールに至るよう、アプローチされている。回廊は鉄骨造だが、柱・垂木には木材を用いて木造風のしつらえとなっている。車寄せは霊柩車と乗用車が縦列で二台入る幅を確保し、回廊の車寄せとなる部分には、目隠しと防風から固定の木製格子を設置している。大型バス用の車寄せは別に設け、長い時間乗車した人のためのトイレも外部に設けられている。

回廊からエントランスホールに到るようアプローチを設けた、さざなみ浄苑

鉄骨造だが木材を用いて木造調のしつらえとした、さざなみ浄苑

告別の場づくり

会葬者ごとに最後の告別のためのホール、火葬炉の並ぶ炉前ホールは、火葬場の中心的な場所である。天井の高い空間が設けられ、別れの場として、それに見合う雰囲気づくりとし、採光に関してもトップライトなどの工夫も見られる。荘厳さや宗教的な要素が求められ、仕上げも工夫やデザインが凝らされている。

心ゆくまで告別の意がかなえられるよう、それぞれの集団の個別化が不可欠となり、炉前ホールを複数のグループに分割してほかの会葬者との個別化を図る工夫も必要となっている。告別のための焼香が行われる場合もあり、柩を中心に会葬者がスムーズに別れができるスペースが必要となる。

柩を見送る

炉前ホールでの火葬炉の化粧扉の扱い、その扉を開けて見える化粧炉の見せ方には個々に工夫が凝らされる。さらに、柩を運搬する台車、骨上げのために移動する焼骨をのせたままの台

荘厳さを求めてデザインされた、埼玉県草加市にある聖典・谷塚斎場の化粧扉

車などの装置にも配慮が及ぶ。火葬炉に柩が納まる瞬間は、遺族にとっては、遺体との完全な別れである。精神的にも感情が高ぶる瞬間である。近くで見送りたいという遺族の要望が強い。

弘前市斎場は炉前ホールで火葬炉の優劣が出ないようにし、隣の炉を見せたくないという理由から化粧扉を奥に配し、やわらかさを出すために丸い形となっている。炉前ホールはお経が美しく聞こえるよう大きなホールの扱いとしている。火葬中炉前で待つ人のためのスペースも設けられている。拾骨は静かに集中して行いたい、残った人がそのあとの面倒みるという行為と考えられている。拾骨時でも読経を行う。

香川のしずかの里は、告別、炉前、拾骨を流れ作業で行う方法を拒み、二組の炉前ホールを設けた。告別、炉前、拾骨のそれぞれの儀式を一体化、同時化、独立化を実現した。連続する火葬炉の扉を消し、炉前ホールに大きな開口を設け、谷筋の庭の来世の門と名づけられた庵治石の彫刻と、自然との一体感を目指している。

金山町火葬場は森の中の告別・拾骨の一体的空間である。できるだけ敷地内の杉の木を切らずに、敷地の持つ自然な高低差を利用して、建物を高床にし、森の中の通風を妨げず、冬の積

隣の炉が見えないように、
化粧扉を奥に配した弘前市斎場

連続する火葬炉の扉をなくし、大きな開口を設けたしずかの里

雪時にも杉の木立の風景への清明な視界が妨げないようにしている。また炉前ホールに設けられたベンチでは、火葬の雰囲気が感じられるとともに、森を眺めながら、火葬の時間を過ごすこともできる。

化粧扉を豪華に見せることもよく行われる手法である。東京やその周辺の民営火葬場では、炉前ホールに等級を設け、扉の仕様を変えている。公営の火葬場では火葬炉に等級はないが使用者が自分たちが占有している雰囲気を出したり、扉の形を壁と一体化させる例は見られる。

神奈川県横浜市北部斎場では、二炉で一組の炉前ホールを構成するが、隣の火葬炉の化粧扉や祭壇が見えないように、スクリーンで隠している。前述のしずかの里では、火葬炉の扉の仕上げを、炉前の壁と同一にし、最後の別れが終わったあと、化粧扉を開けることにより、火葬炉を確認するという行為によって、会葬者の気持ちの切り替えを図っている。近江八幡のさざなみ浄苑は、木製の壁として同一の仕上げとなっているが、電動のスイッチを入れると、扉が自動的に動くという、工夫がされている。

兵庫県太子町の筑紫の丘斎場は、亡くなった人の施設ではな

告別・拾骨の一体空間とし、森の中にいる雰囲気を演出した金山町斎場

く、送る人のための施設としている。告別室は暗くし、トップライトから光が入るようになっているが、日常から非日常へ気持ちを切り替えるものとしている。炉前ホールを大きくとり、別れの空間を構成している。化粧扉は目立たないようにしている。会葬者に水の上を渡らせたいと考え、床の仕上げにはブルーの大理石を、両側はコンクリートの洗い出しで、地元の人なら誰もが一度は遊んだことがある、揖保川の砂利が用いられた。

　越谷市斎場は、エントランス空間から人々の思いをつなぐ二つの回廊で、炉前での見送りも個別で行える空間に向かう。一四基と大規模であるが、告別から見送りを一連で行える告別空間を七室設けている。火葬炉二基に対して一室の告別・拾骨室を設置することで、遺族単位の儀式を可能にし、拾骨と告別のスペースと離した位置とし、炉前から離れた拾骨を可能にして

木々が植えられた中庭に面して
告別・拾骨室を設けた越谷市斎場

越谷市斎場の拾骨の場は、告別と拾骨スペースの界壁を可動式にし、
とり払うと一体利用もできる

いる。各告別・拾骨室は自然の樹木にあふれた前庭や中庭に囲まれるように配置され、告別および拾骨を一定時間占有できるタイムスケジュールに合った空間構成としている。告別と拾骨の場の界壁は可動とし、一体利用もできる。中庭越しに炉前を見守る小空間で故人を偲ぶこともできる。

近江八幡市のさざなみ浄苑は、〝お別れ室〟と表現されている炉前・拾骨室では、天井までの開口とそこから見える各室専用の中庭を設け、さらに外部仕上げを内部まで延長することで、野辺送りのような外部と一体空間としている。またお別れ室は自由な儀式が可能なように、部屋に正面性を持たせない天井の

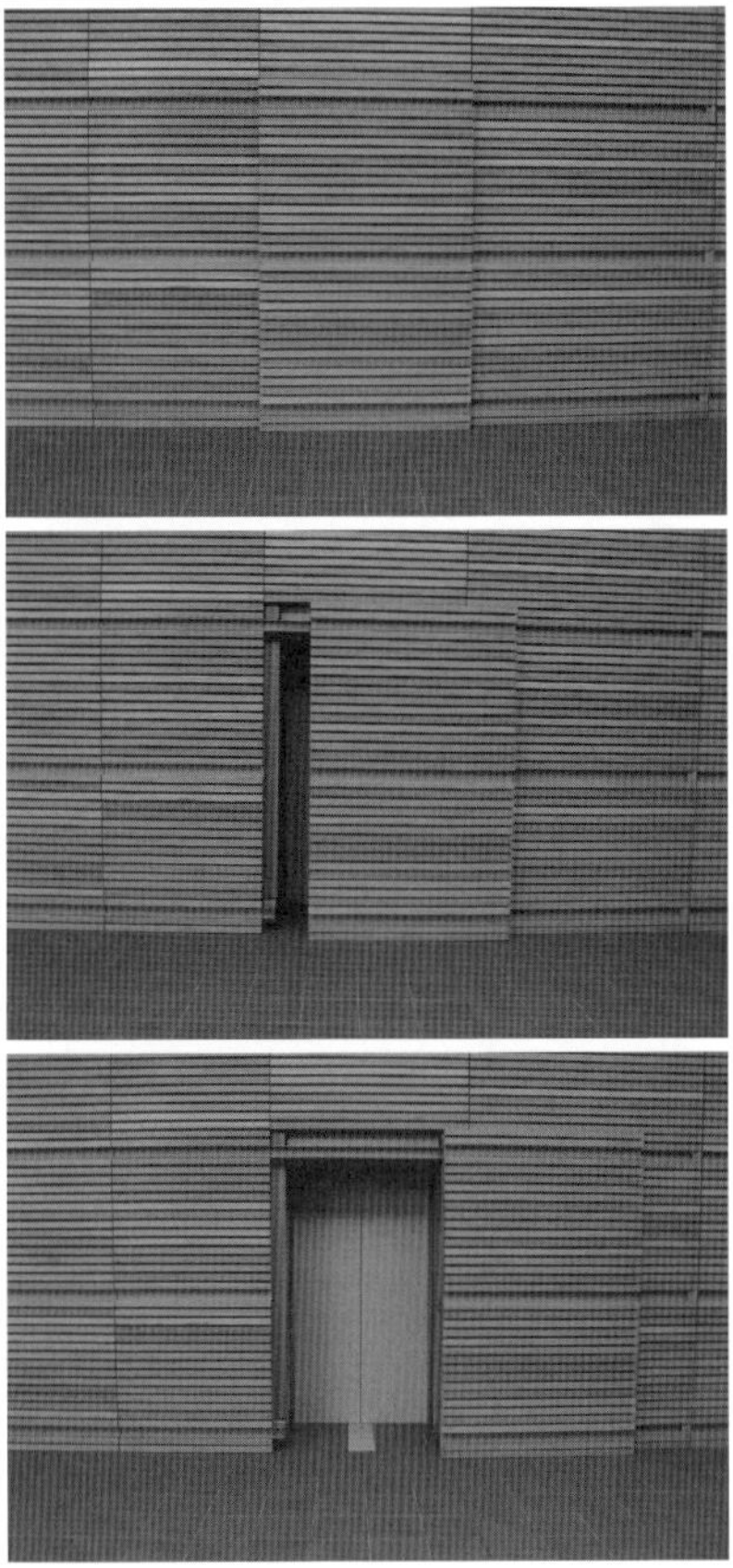

火葬炉の扉は壁と同一の仕上げとし、
電動で開閉するさざなみ浄苑

各室専用の中庭を設け外部の仕上げを内部まで延長し、
外部と一体化した炉前室としたさざなみ浄苑

形状とし、火葬炉の扉は火葬炉を意識しないように壁と同一の仕上げとしている。

火葬中の待合のしつらえ

待合室・待合ロビーは拾骨までの間、遺族などが一時的な休憩を行う場所である。ロビーを中心に遺族の悲しみをやわらげるような雰囲気が必要である。会葬者数が多い場合、二部屋の同時使用も考えられるため、可動式間仕切りも検討する。最近では着座が苦手な人も多く洋室とする割合が多い。庭園を配して、景観・環境とも恵まれた位置になるように計画する。待合室で飲食する慣習を持つ地域も多く、利用方法などをあらかじめ方針を立てておく必要がある。湯茶のサービスや喫茶などの用意、売店や喫茶スペース、自動販売機の設置も必要となる。

弘前市斎場は弘前の風習で、集まった人が亡くなった人を肴に酒を飲み、にぎやかに振る舞う。したがって待合はお酒を飲む場所でもある。弘前市斎場は、火葬棟と個別の待合室を渡り廊下のスロープによって分け、俗界と現世として分けている。無料の待合ロビーと炉前ホールには遮るものがなく、待合から

中庭に面した越谷市斎場の洋室

子ども向けに死の意味を伝える
絵本や書籍が置かれたさざなみ浄苑

故人への思いをつづる記帳コーナーが
設けられているさざなみ浄苑

も炉前の雰囲気を感じられるようにし、振り返ると炉の気配が感じられるようになっている。

　近江八幡市のさざなみ浄苑は、待合エリアは木造とし、渡り廊下でつないで分棟的な扱いとしている。待合ロビーは雁行させ、三つの自然なグルーピングとなるようにしている。ロビーの一部は吹抜け天井とし、小屋組みを意図的に見せている。女性や幼児、異なる会葬グループへの配慮から、多目的室と授乳室が設けられている。多目的室には、図書館と協議して子ども向けに死の教育となるような図書が置かれている。展示・おもいでコーナーは、近江八幡の風景や郷土の先人が遺した作品を紹介している。市や全国の出来事を重ねた年表の展示によって、市内外を問わずに参列した人に、歴史・文化を通じて郷土を知り、故人を偲んでもらおうという配慮からである。故人への思いを残す記帳のコーナーも設けられている。

霊安室・作業室・制御室・事務室

　なんらかの理由で火葬を延期しなくてはならなくなり、自宅などに柩の保管場所がないことを考慮し、火葬場にも霊安室が

展示・おもいでコーナーは集った会葬者同士の会話のきっかけにもなる(さざなみ浄苑)

木造とし、小屋組みを意図的に見せ、三つの自然なグルーピングとなるよう雁行させたさざなみ浄苑の待合スペース

求められる。公営火葬場の霊安室は、災害や旅先での客死による死亡人のために設置されている事例が多い。葬儀までの保管のため遺体を安置する雰囲気と面会者への配慮が求められる。

作業室は、作業環境、騒音、粉じん、室内温度に配慮する。採光、換気を十分にし、室内の色彩を明るく清潔にし、職員の作業動線を必要以上に複雑にしない。中庭に面し、作業環境に配慮している施設も見られる。

制御室は、職員の動線を考え、作業室の一角に設け、操作機器が一望できる位置とする。事務室は敷地全体、会葬者の出入り口や葬送の動きを把握できる場所とする。

東京大田区の臨海斎場には、葬儀式場が四室設けられている。霊安室も設置され、霊安室前に遺体の確認を行うことができる面会室が設置されている。また葬儀式場は借りずに、霊安室前の面会室で告別を行うケースも見られる。この場合は比較的会葬者が少なく、通常の告別式とは異なるが、故人に別れを告げている。僧侶による立会い読経も見られ葬儀も行われるなど、遺族以外の会葬者が多く訪れる。面会室での告別のあとは、全員で炉前ホールに移り、柩を見送る。

京都市中央斎場は、火葬炉二四基と大規模施設であるため、

火葬炉を背合せとし、中庭を設けてこれに作業室を設けた京都市中央斎場

臨海斎場に設けられた霊安室前の面会室。ここで簡単な告別を行うケースも

六基を一つのユニットとする構成をとり、中庭を中心に火葬炉を配置している。作業室は中庭に面しているため採光は十分にとられており、明るい作業環境になっている。

越谷市斎場では、自然光の利用は照明電力の削減にも効果を発揮する。炉室二階部分にも自然光を取り入れ、省エネだけでなく、作業環境の向上を図っている。

炉室および炉機械室に必要な外気は中庭部分から取り入れ、低い位置から外気を取り入れて高い位置から排出する、自然な空気の流れを利用している。

さまざまな葬儀に対応する式場

葬儀式場の利用者数は、会葬者の数により変動がある。したがって会葬者の変動に対応できる配慮が求められる。多くは葬儀の規模や形式の多様化に合わせ、可動式間仕切りなどによりフレキシブルな空間が用意される。

祭壇の設置についても、さまざまな葬儀形態に応じられるようステージを設けず、葬儀と飾りつけ程度に対応できるようにする。また背面をガラス張りとすることで白木の祭壇を用いず、

祭壇を備えた葬儀式場だけでなく法要室まで備え、
葬送行為の一連が行えるようにした東京・府中の市民森聖苑

外部の景観を背景に葬儀を行うことができるような工夫も見られる。ロビーも式場とともに重要な部分で、受付けの設置や会葬者が集まる場として十分なスペースが必要となる。またそのほかに通夜室、遺族控え室、祭司控え室なども併設する必要がある。

群馬県桐生市斎場は、葬儀式場を中心に、火葬棟、待合棟、管理棟が配置されている。二つの式場を持つ葬祭棟前面は回廊で囲まれた、ゆったりとした広場と池となっており、総合葬儀式場としてつくられた。

東京都府中市の市民の森聖苑は、京王線東府中駅から徒歩圏内の府中の森公園の中に立地している。葬儀式場だけでなく法要室まで備え、通夜、葬儀、告別、火葬、初七日という一連の葬送行為がすべて行える都市型の火葬場である。火葬炉四基に対し、大小の葬儀式場を三会場備えている。さらに公営の火葬場ではめずらしく、厨房も設けて食事のサービスも行っている。葬儀式場は人気があり、二〇〇七年一二月にはさらに一室増設された。

香川のしずかの里では葬儀ができる斎場棟が、谷筋のいちばん深い場所に配されている。ゆったりとしたロビーを有し、両

祭壇を置く正面に大きなガラス窓を配し、谷筋に広がる棚田と山の緑をバックに葬儀が行われる、香川・しずかの里

町（三木町、旧長尾町・現さぬき市長尾）の町花の名をとって紫陽花館と芍薬館とした。祭壇を置く正面壁を、大きなガラス窓として、谷筋に広がる棚田と山の緑が望める。四季の花々や作物に彩られ、子どものころからなじんできた風景が眼面に広がるなかで、別れの儀式が行われる。

表情豊かな空間を演出する仕上げ

火葬場で特徴的な建築仕上げを、外部と主なスペースで見てみよう。壁は一部でコンクリート打放しが見られるが、タイル張りや花崗岩などの石張りのように重厚感がある材料が多い。エントランスホールは、床は主に石張りが用いられている。壁は大きく仕様が分かれ、石張りとするものから、タイル張り、コンクリート打放し、塗り壁仕上げが見られる。

炉前ホールの床は御影石、壁は大理石で、部分的にコンクリート打放しが多い。型枠は杉板で、表情を豊かにしている。告別室や拾骨室は床、壁とも御影石、大理石が主に使われている。

待合室、待合ロビーはあたたかみのある材質が用いられ、待合のロビーにはカーペットが敷かれる場合が多い。壁は、クロ

外部と内部の仕上げを同一とし、外部との一体感を持たせた、さざなみ浄苑

ス張り、塗り壁、天然木化粧版が見られ、待合室は和室仕様も見られる。

葬儀式場の床は、カーペット、フローリング、石張りで、壁もクロス張り、合板張りの仕上げが多い。

告別、見送り、拾骨を行う部分は石張りなどが主で、もっとも仕上げに費用がかけられている。エントランスホールにも費用をかける傾向がある。

新潟市青山斎場は日本海に面する防風林の中にある。なだらかな段丘状の起伏のある地形で、建物の高さを制限し、地形に沿うように建物を配置し、屋上は緑化されている。必要に応じてトップライトから光を入れる。建物は防風林の中にとけ込むような形態となっているため、露出している外壁は少ないが、そこには磁器質タイルと花崗岩が使われている。告別室の床は花崗岩で、壁は割肌の磁器質タイル、炉前ホールの床も花崗岩で壁は大理石。拾骨室の床は花崗岩、壁は塗り壁で仕上げられている。

大分県中津市の風の丘葬斎場は、採光形式、空間のプロポーション、仕上げ材料までが厳選されている。コンクリート打放し、リシン、スチール、御影石、色彩はグレーから黒までのト

新潟市青山斎場

所在地：新潟県新潟市／設計：山下設計／敷地面積：8,678.59㎡／延床面積：5,115.80㎡／火葬炉：12基／汚物炉：1基／竣工：1995年

青山斎場全景。地形に沿って建物を配置し、屋上は人工土壌で植栽を行っている。外壁は磁器質タイルで、一部は花崗岩の仕上げ

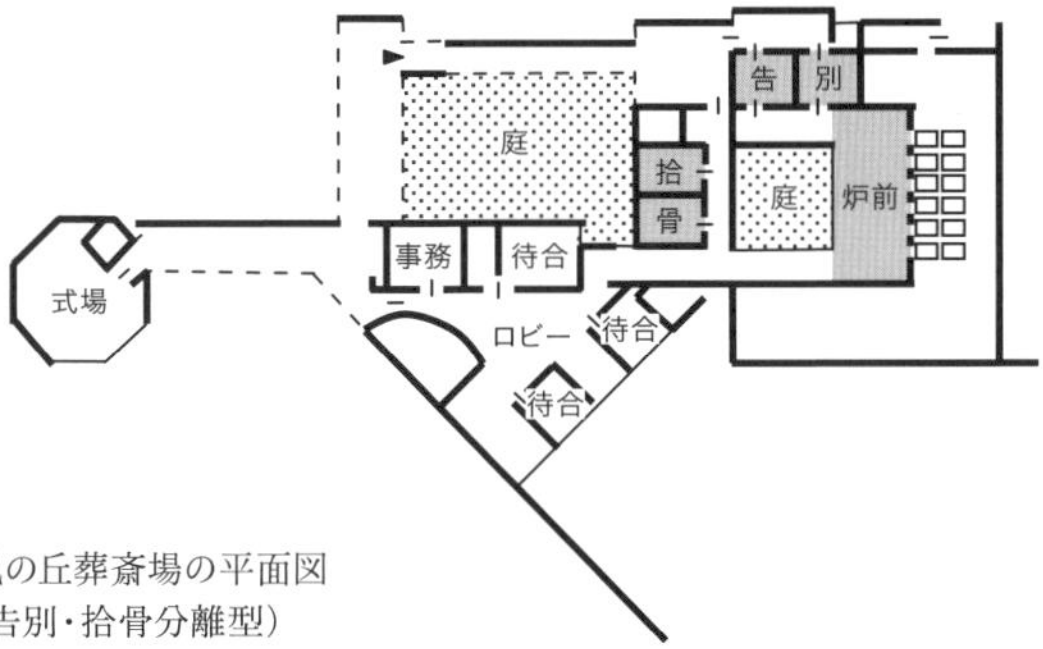

風の丘葬斎場の平面図
（告別・拾骨分離型）

風の丘葬斎場の炉前ホール。
壁の仕上げはコンクリート打放し。
杉板本実型枠を主に、一部御影石を用いている

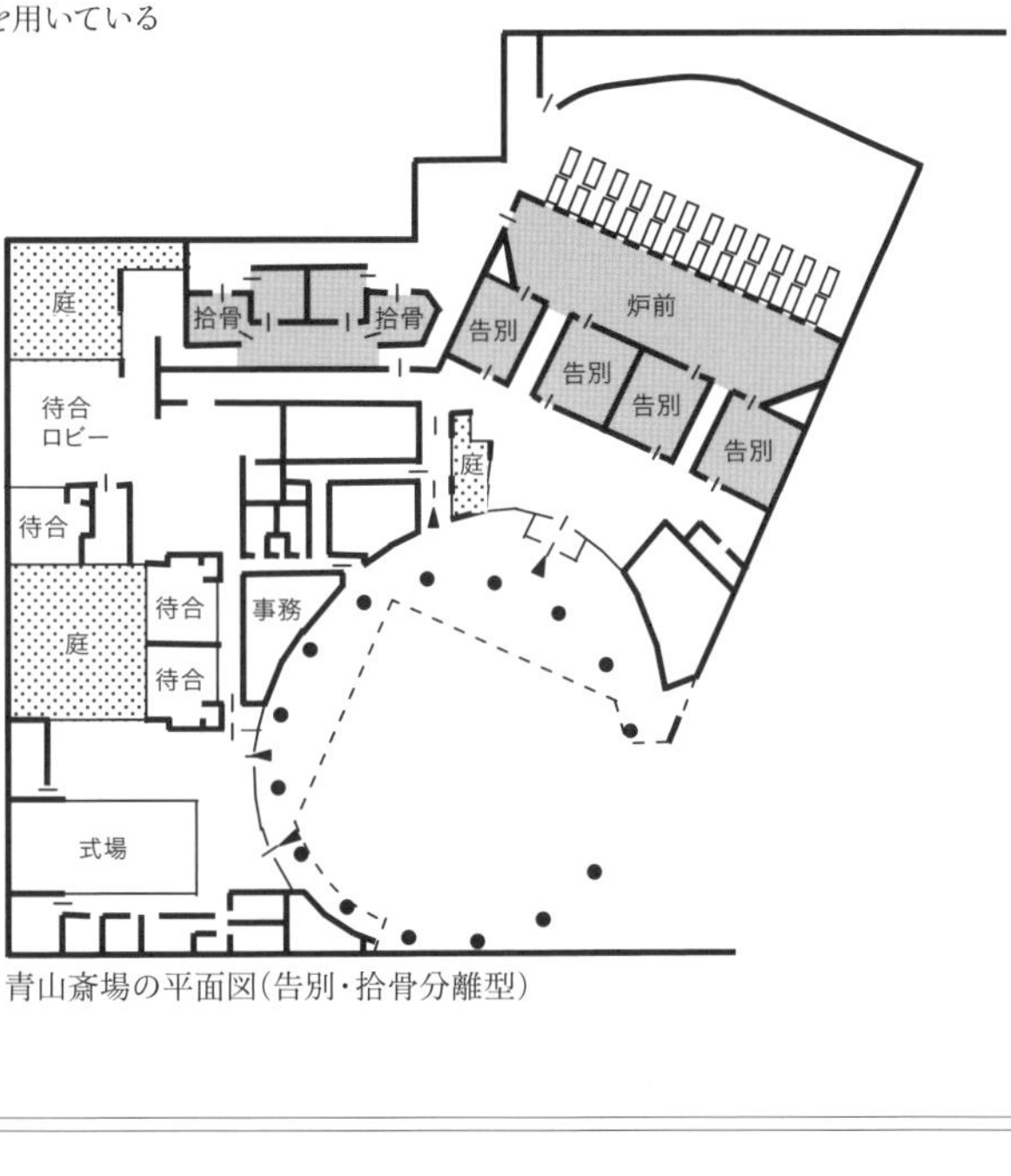

青山斎場の平面図（告別・拾骨分離型）

ーンを基調とし、コールテン鋼、れんが、木材を対比させている。外壁は斎場、待合、火葬棟はそれぞれれんが、コールテン鋼、コンクリート打放しと異なる材料が使われている。

　千葉県佐倉市のさくら斎場の外壁は、花崗岩と磁器質タイルである。告別室、炉前ホール、拾骨室の床は花崗岩、壁は大理石となっている。各室の天井も凝らされ、拾骨室の天井は天の川をイメージした照明が備えられている。待合ロビーの床はカーペット、腰壁は木材である。式場の床は樹脂補強フローリングで壁は木材。エントランスを含め、石材が多く用いられている。

　福岡県の筑慈苑の周囲は運動公園で、訪れた人が車で施設を離れるまでの道程を、風の流れと光の明暗になぞらえて、厳か

さくら斎場のエントランスホール。壁は花崗岩張りの仕上げ、正面の光や風の動きをイメージしたステンドグラスが会葬者を迎える

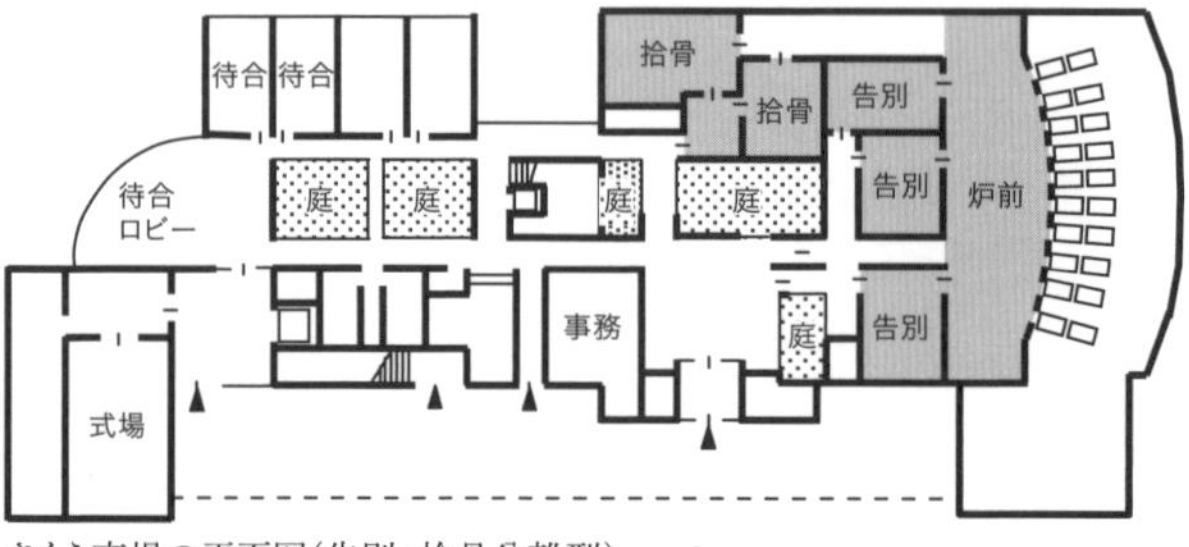

さくら斎場の平面図（告別・拾骨分離型）

さくら斎場

所在地：千葉県佐倉市／設計：山下設計／敷地面積：11,500.00㎡／延床面積：4,822.49㎡／火葬炉：8基＋予備スペース2基／竣工：1996年

筑慈苑の拾骨室。壁は大理石本磨きで床は花崗岩仕上げ。
耐火台車を囲むプロテクターがある

筑慈苑

所在地：福岡県筑紫野市／設計：梓設計／敷地面積：17,961.02㎡／延床面積：4,453.08㎡／火葬炉：9基＋予備スペース3基／竣工：1996年

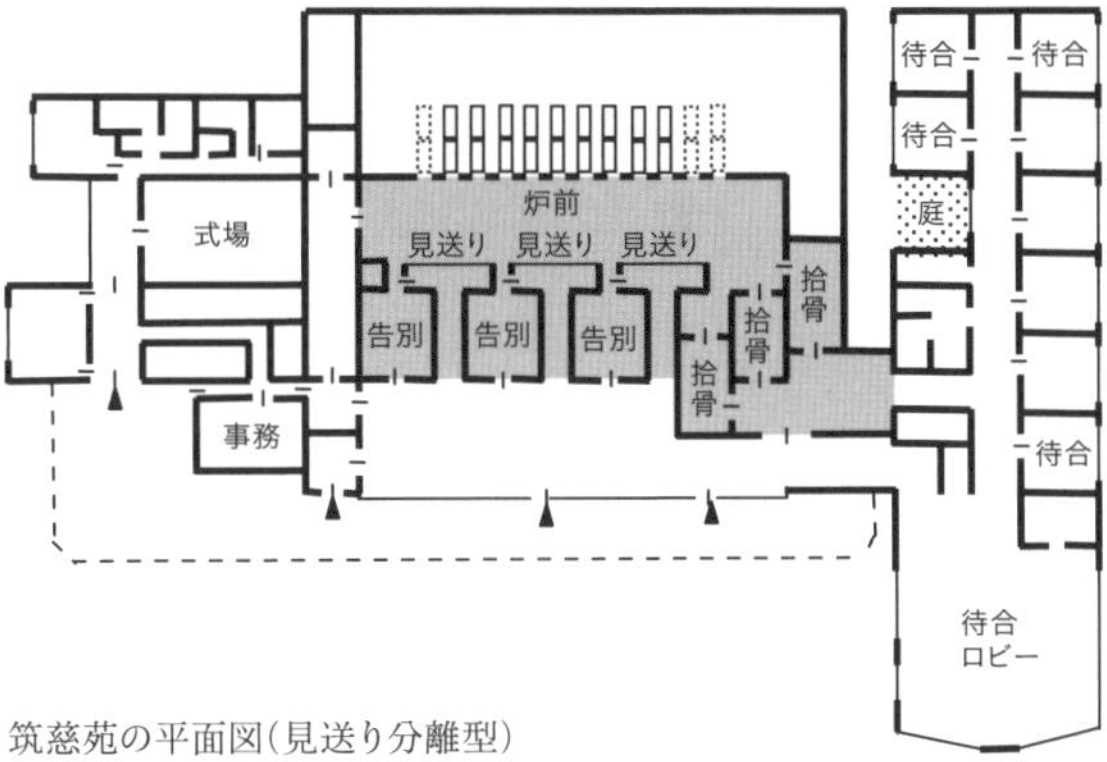

筑慈苑の平面図（見送り分離型）

さ、おだやか、やすらぎ、落ち着きを感じさせるよう意図されている。外壁はせっ器質タイルである。エントランスホール、告別室、見送りホール、炉前ホール、拾骨室の床はすべて花崗岩で、壁には大理石が用いられ、待合ロビーの床はカーペット敷き、壁は天然木化粧板となっている。

香川県のしずかの里は中庭を効率的に配置し、炉前に大きな開口を設け、谷との一体感が強められている。周囲の棚田は式場の祭壇の背景となっている。外壁は一部モザイクボーダーが入ったタイル張りだが炉前ホールの床は御影石で、壁に大きくガラスによる開口部があり、大理石と一部がコンクリートの打放しとなっている。待合ロビーの床はタイルカーペットで、壁はビニルクロス。式

しずかの里の炉前ホール。化粧扉側は大理石で扉をわかりにくくしている。大開口面の壁は練付合板の仕上げ

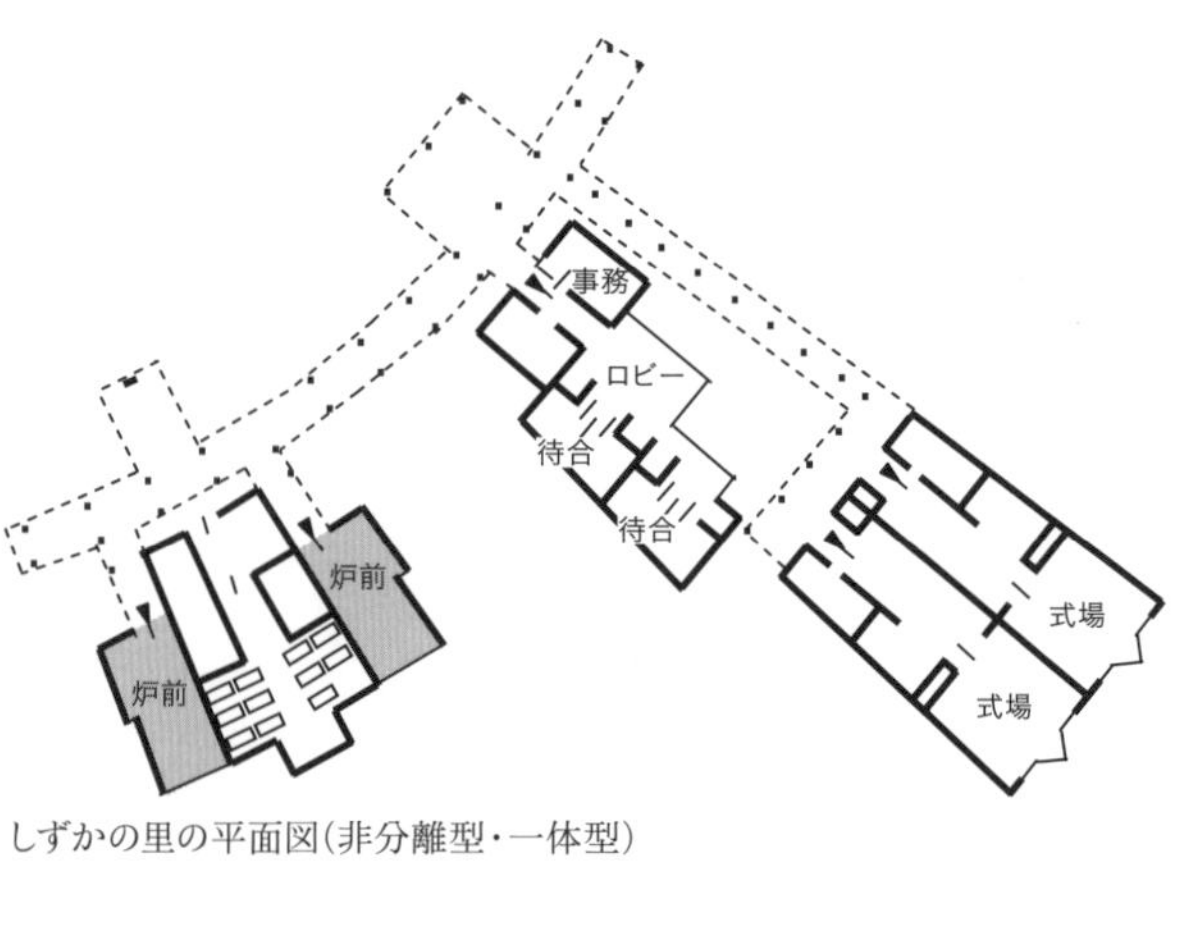

しずかの里の平面図(非分離型・一体型)

場の床はタイルカーペットで、壁は練付合板クリア塗装となっている。

一方、金山町火葬場は森の中心を別れの場としている。敷地の持つ自然高低差を利用して、高床にしている。炉前ホールは森の中での別れの場としての雰囲気が感じられるようガラスによる開口が大きくとられ、外の杉林が望める。外壁はコンクリートの打放し撥水剤塗布仕様である。炉前の床は御影石で、壁はコンクリート打放しと杉板張りとなっている。ポーチから廊下を抜けると、木立をイメージした杉柱が立てられ、内部からも森の中にいるような演出がなされている。

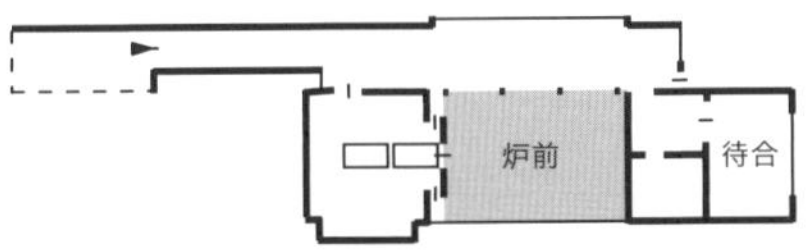

金山町火葬場の平面図(非分離型・一体型)

金山町火葬場の外観。コンクリート打放しの撥水材塗布の仕上げ。杉林を意図的に残している

設計・建設のプロセス

火葬場に求められる設計・建設プロセス

火葬場の建設や運営は、地方自治体が行う業務である。しかしすでにふれているように自治体が国からの補助金を受けない建設・運営事業である。したがって、生活関連施設のなかでも整備が後回しになってきた一面がある。しかし施設の性格上、設置者である自治体それぞれの創意工夫も多く見られる。

昭和四〇年代までは大規模施設を除き、火葬炉メーカーによる火葬場全体の設計から施工まで含めた一括発注が多く、おもに建設の中心は火葬炉メーカーが担っていた。

昭和五〇年代に入ると、研究者や建築家が設計に関与する事例が見られるようになり、設計と施工が分離されるとともに、火葬炉メーカーによる一括発注は減少していく。火葬炉も直上再燃焼炉の設置などの公害防止対策が進むとともに、長煙突の廃止などにより、従来の火葬場のイメージを払拭するようなデザインが要求されるようになった。自治体も火葬場建設に費用をかけるようになると同時に、火葬炉設備工事費の建築工事費に占める割合が高くなり、しだいに設計事務所が参入するようになる。

　昭和六〇年代から平成に入り、各自治体が豪華な火葬場建設を競うようになり、建築家や組織設計事務所が設計を担当するようになる。葬儀式場の併設などにより建築工事費の占める割合がさらに高まり、火葬炉を建築設備工事に含め総合建設業すなわちゼネコンへの一括発注がなされるようになった。また計画初期の調査業務や環境アセスなどを都市計画系のコンサルタント会社に依頼するケースもある。

　一方、公共施設の整備に民間の活力と資金の調達の面から、火葬場の建設・運営にＰＦＩ手法を導入するケースが見られるようになる。建築設計会社、建築施工会社、火葬炉メーカー、火葬場運営会社が特定事業体を組み、設計・建設・運営まで行うものである。施設とサービスの提案により、事業者が決められている。

基本構想案の作成、基本設計、実施設計と進められていく。調査・設計にあたり火葬場を利用する遺族や会葬者、サービスを提供組織や職員の意向をくむことは難しい。そのため設計者は敷地や気候条件とともに、求められる機能を十分に把握する必要がある。限られた条件のなかで計画・設計は困難をきわめる場合も多々ある。火葬場には、ほかの公共施設にあるような施設基準がない。ほかの火葬場が実際にどのように使われているかを調査する例は少なく、先進施設を参考に計画や設計を行うことが多い。情報の収集と分析が行われてこなかった結果、問題点や矛盾を発見することなく設計が進められ、設計当初と異なる使われ方がされている火葬場も残念ながら多く見られる。会葬者の要求が満たされないとともに職員の負担にもつながっている。

設計手法の模索

火葬場は、誰にでも避けることのできない死にかかわり、すべての人の生活に密着した施設であるにもかかわらず、人々から注目されずにきた。公共建築のプロジェクトは施主の顔（本来の利用者である住民）が見えないといわれているが、火葬場はその典型であろう。住民参加型の公共建築が増えつつあるが、手探りの状況で進められているのが現状である。特に火葬場の場合、遺族へのモニタリングが難しく、意見を求めることが困難で、建築計画的な問題が表面に現れにくい点があった。設計者の一方的な解釈での設計も見られる。詳細な設計条件が示されないまま、入札により設計者が決められたりしている。

設計者選定には入札方式のほかに、設計案を選ぶ方法と設計者を選ぶ方法がある。コンペは設計競技で設計案を検討して選ぶものである。一方、プロポーザルはプロジェクトに臨む体制などを含めたプロポーザル（提案書）を提出させ設計案ではなく、設計を委託すべき設計者を選ぶものである。コンペは過去に実績がなくても優秀な設計者が参加できる利点を持つが、もっとも大切な設計案を募集するための成熟した設計条件を設定する必要がある。設計条件が不十分な場合は実施設計時に設計案の内容を変更することが困難あり、応募者側の建築家にとっては設計案を作成する費用がかかりすぎる問題があり、コンペ主催者は、それに対応した報酬を払えないという問題もある。

プロポーザルは設計体制、実施方法やプロジェクトに対する考え方についての技術提案書を求め、必要に応じてヒアリングにより設計者を選ぶ方法である。具体的な設計案を求めることはせず、設計を委託するのに相応しい組織と設計者を選ぶことを目的としている。

滋賀県近江八幡市は、設計業者を選定するのにプロポーザル方式を採用した。平成一四（二〇〇二）年に都市計画審議会でまちづくりとしての位置づけとともに、設計者選定についての議論もなされた。近江八幡らしさを追求した火葬場建設のため、提案内容に強いしばりをかけないということで過去に公民館建設などで実績もあったプロポーザルが採用された。

審査の結果、火葬場に対する見識の高さと、近江八幡らしい火葬場を市民の意見を取り入れてつくろうと、ワークショップ方式（参加者が専門家の助言を得ながら問題解決のために行う研究会）を提案したグループが選定された。計五回のワークショップにより基本設計案が作成された結果、火葬場機能を重視しつつ、周辺の自然景観を生かした木造の待合棟と庭園、展示・おもいでコーナーの設置等、近江八幡らしい外観と故人との最後の別れを尊重した施設設計となった。

近江八幡市の第3回ワークショップに提出された模型

利用者の気持ちをくみ上げる方法

公共建築物の計画や設計について、これまでの行政側からのみの構想策定ではなく、住民参加型のワークショップによる検討が各地で採用されている。しかし、その手法や形式はまだ確立されているわけでなく、実質的には意見の聴取や計画の説明、住民への説得にしか機能していない場合も多く見受けられる。

元来、火葬場の計画はその施設の性格上、あまり公表されずに用地選定が進み、建設に理解を求めるため、周辺住民の意見のみで設計が進められることが多い。その場合、出される意見は「火葬場らしくない建物にしてほしい」「外部からわかりにくくしてほしい」といった、周辺から火葬場を意識させることがないというような要望が中心となる。近江八幡市においては、そのプロセスをすべて公開し、市民代表を設計の検討に参加させたということは画期的なことである。それは、市長をはじめとする市当局が、ともすれば敬遠されがちな火葬場という施設を、なんとか市民に愛される施設としようとする熱意があったからと考えられる。

火葬場とはどういうものかを学び、委員から積極的な意見が

同第5回ワークショップでの模型

出され、さまざまな経歴を持つ人々の知恵と発想と感性が集められた結果として、景観的にも周辺から遮蔽することなく地域になじむ施設が生まれた。全国的にもまれなワークショップ方式による火葬場の計画が成功し、ワークショップを提案した設計者の想定を超える、成果を得ることができた。近江八幡市営火葬場の設計においては、本質的な意味においてワークショップ方式が成功したと考えられる。

近江八幡市の重要伝統的建築物群保存地区の見学を交じえ、住民とともに進めた火葬場建設の手法を通して、今後の火葬場建設のあり方を探るため、日本建築学会建築計画委員会火葬場施設小委員会（平成一七年四月設置）の主催で公開研究会が開かれた。小委員会の委員を含め一八名が参加し、公開研究会では、ワークショップ形式を導入してよい結果を生んだ要因として次の点があげられた。

①学識経験者二名を設計者の選定、基本設計の検討、そして運営・維持管理の検討といった各委員会のメンバーとして継続して委嘱したこと。

②ワークショップ委員に対し、当初は絵を見せないで意見交換のみに徹した。

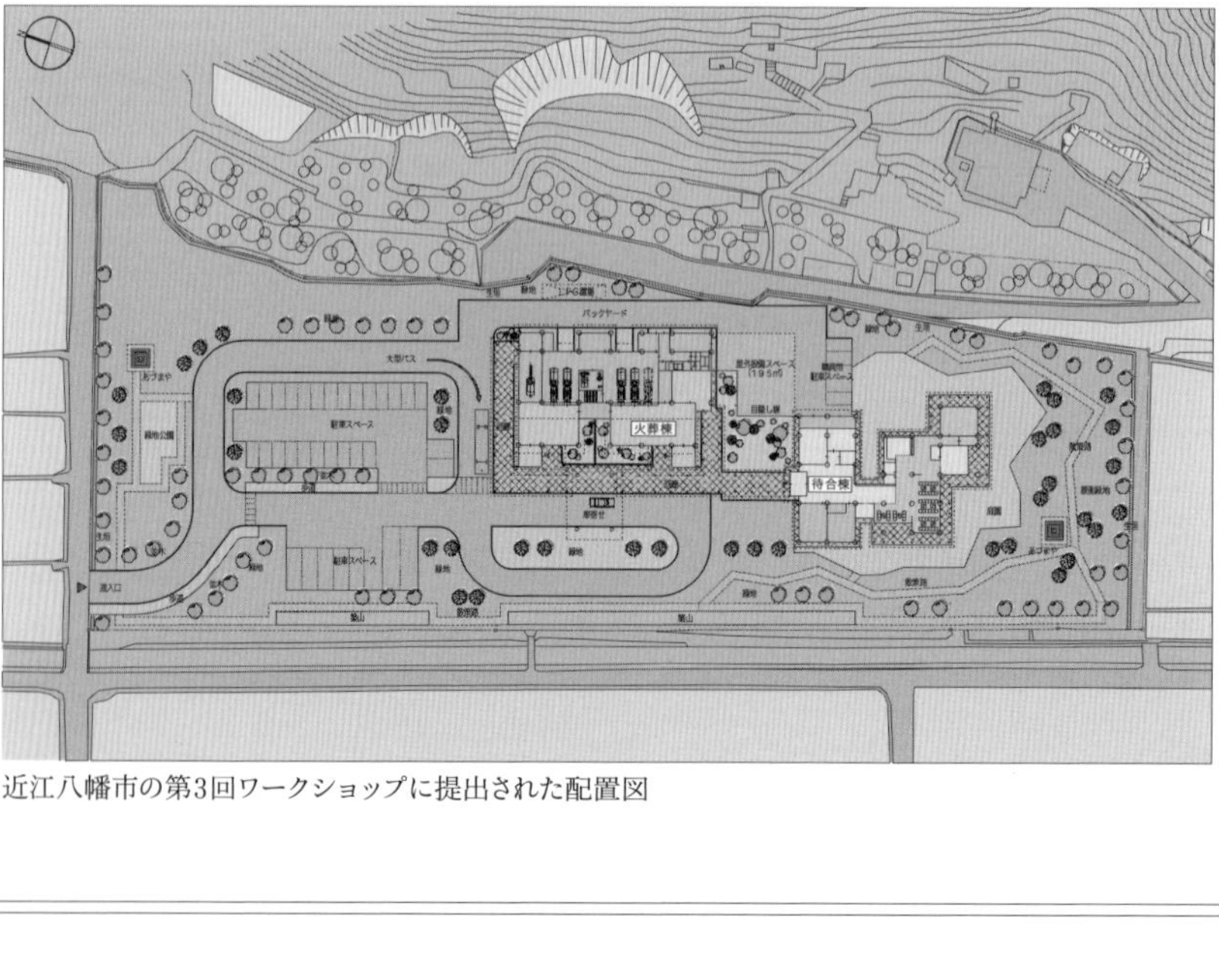

近江八幡市の第3回ワークショップに提出された配置図

③意見交換の折、前向きの意見のみとしたこと。
④前回、設問に対して結論を導き出して、次回に持ち越さなかった。
⑤本件を各自に、住宅設計のように意識させ、「自分の家を建てる意識を持って」の意見を求めたこと。
⑥委員会は学識経験者二名に加え、ほかのメンバーの構成にも恵まれた。
⑦第一回目の委員会で市長も出席し、学識経験者による基調報告によって各メンバーが火葬場のあり方に対して理解が高揚したこと。

　また、火葬場の建設プロセスではその基本構想や基本計画がすでにまとまり、他方で用地確保の目処が立った段階で、設計者の選定に入るのが一般的である。近江八幡市では基本計画はあったが発注者側は基本計画を参考しないで、委員会の意見が尊重された。

　行政当局と設計者が一方的に設計を決めていくのではなく、ワークショップの中で計画および設計の各段階においてさまざまな立場の人々に設計への参加を促した。自分たちが参加してできたという実感を住民たちに持ってもらい、竣工したあとも

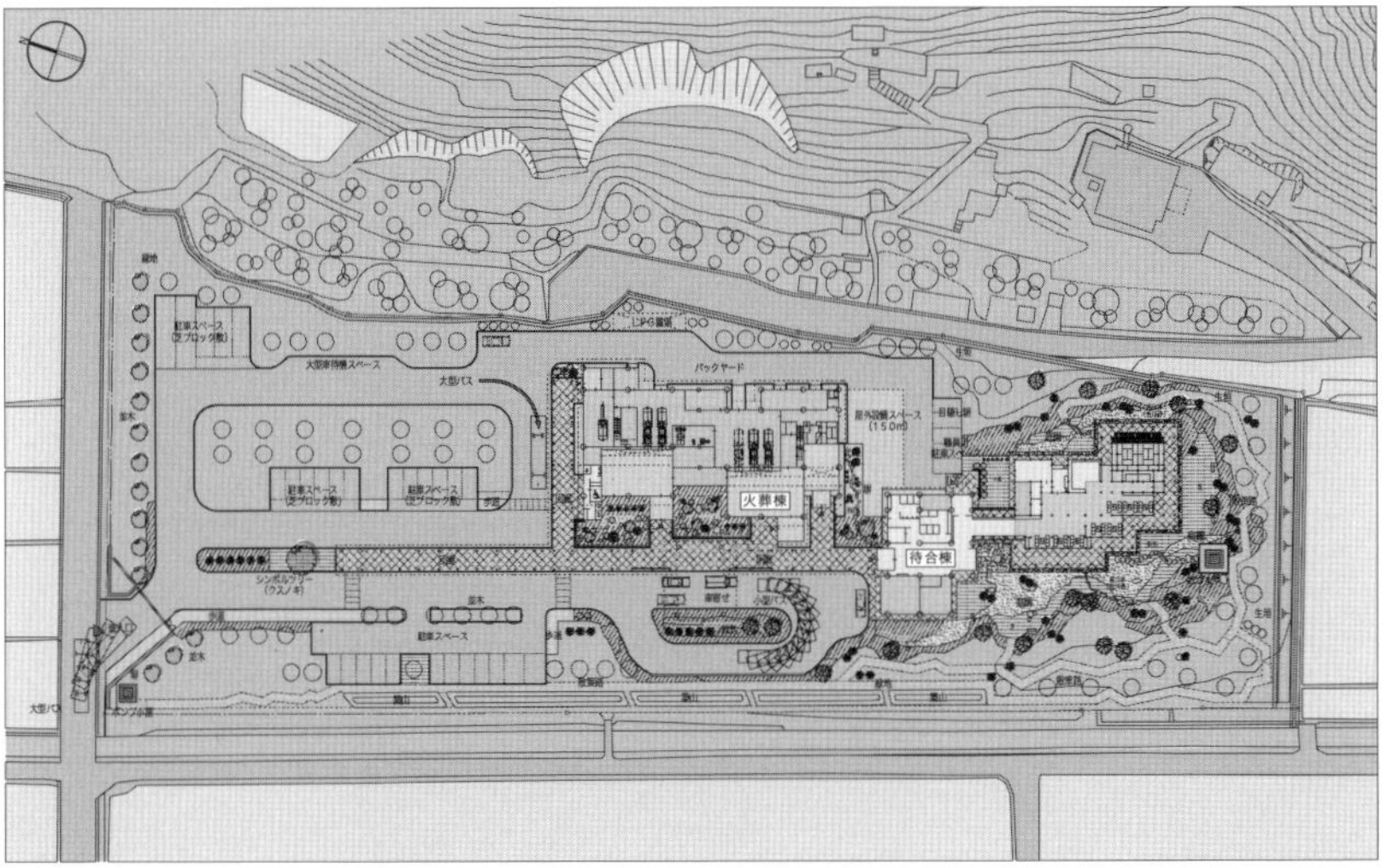

同第5回ワークショップでの配置図

有効に、愛着を持って利用し見守っていってもらうことを目的に、意見交換や議論、検討を行った。その内容を設計に取り入れ、同意を形成していくことにより最良の設計としていく作業が行われた。

また、火葬場のあり方に関しては共通認識が持てたこともあり、それぞれの委員が積極的に火葬場をどうするかを考えた。委員会は公開性を担保し、ホームページなどで議事の内容を公開することにより市民の関心を高め、議論の内容に責任を持たせ、決定の透明性が保たれた。したがって委員からは無責任な発言はみられなかった。

使う人々の視点での設計

ワークショップにより進められる公共建築の建設はめずらしくない。しかし、嫌悪施設として位置づけられることもある火葬場を、建設理念の策定から設計者の選定、基本設計の作成、建設工事への参加、運営維持管理方法の検討、施設名称の決定まで、一貫して参画した市民の意見を尊重しながら進められたのは、近江八幡の例が全国で初めての試みであった。行政側も

ワークショップには地域住民代表も加わり、自由な意見交換の場が設けられた

嫌悪施設ではなく、文化施設として扱った。

ワークショップを導入してよい結果を生んだ要因のひとつに、市民代表の委員も火葬場に対する高い意識を持ち、わが家を建てるかのごとく真剣に取り組み、自ら設計コンセプトなど提示するなど、公共建築づくりにおいて、施主の顔が見えたことがあげられる。同じメンバーで運営検討委員会を設け、運営維持管理や名称の検討も行われた。竣工とともに委員会は解散したが、メンバーから今後の施設運営を見守っていきたいとの意見も出された。また、参画した人たちの思いを詰め込んだ記念誌も発行され、本件にかかわった人たちの施設に対する愛着が感じられる火葬場となった。

竣工後には、地元住民や市民だけでなく、一般を対象とした施設見学会が行われ、約四〇〇名が訪れた。さらに供用開始後には、地域の子どもたちを対象とした見学会も行われた。社会科見学などの体験学習では、火葬場を対象とする例は少ないが、「大切な人との別れの場」である火葬場の見学を通して、生きることのすばらしさを子どもたちに訴えていきたいというのが、この見学会開催の主旨であった。

こうして完成した、さざなみ浄苑は、地域の子どもたちから

竣工後のさざなみ浄苑

その親たちやお年寄り、こうして、建築を学ぶ学生や火葬場の設計にかかわる専門家などからも一定の評価を受けた。それは、参画した市民たちがわが家のように愛情を持って取り組んだだけでなく、建設にかかわったすべての人たちのエネルギーが集大成されたことにある。どのような設計者選定手法を取り入れるにしても、火葬場の設計にあたり、火葬場は葬送のための施設として、利用者側の視点を取り入れ、十分な論議が行われることが要求される。

子ども会の見学会における「絵本の読み聞かせ」（待合個室）

「別れ」を考える施設見学（展示・おもいでコーナー）

火葬場施小委員会「ワークショップ方式を用いた火葬場建設」公開研究会

PFI方式での火葬場

公営の火葬場でも、業務を部分的に民間に委託するケースも多い。火葬場の現場では職員だけでなく、葬儀業者も案内、指示に気を配っている姿を見かける。

このように現業を持つ公共施設として、設計、建設、維持管理、および運営に民間の資金、経営力、技術力などのノウハウを活用して、効率的で質の高いサービスが期待できる分野である。そこで導入の検討が図られているのがＰＦＩである。「民間資金等の活用による公共施設等の整備等の促進に関する法律」（平成一一年法律一一七号）を受けてのＰＦＩ（Private Finance Initiative）での火葬場建設が動き出した。

ＰＦＩは、資金調達から施設の建設、それに運営まで民間の活力で一括して行えることに魅力があり、公共施設を管理委託や第三セクターによる運営でなく、事業として経営感覚に裏づけられたサービスが提供されることに特徴がある。

求められるサービスに対して、どうこたえていくかを具体的に提示することが、施設の設計であり、建設である。管理運営のシステム提案に支えられるサービスの質がハードの形で表現

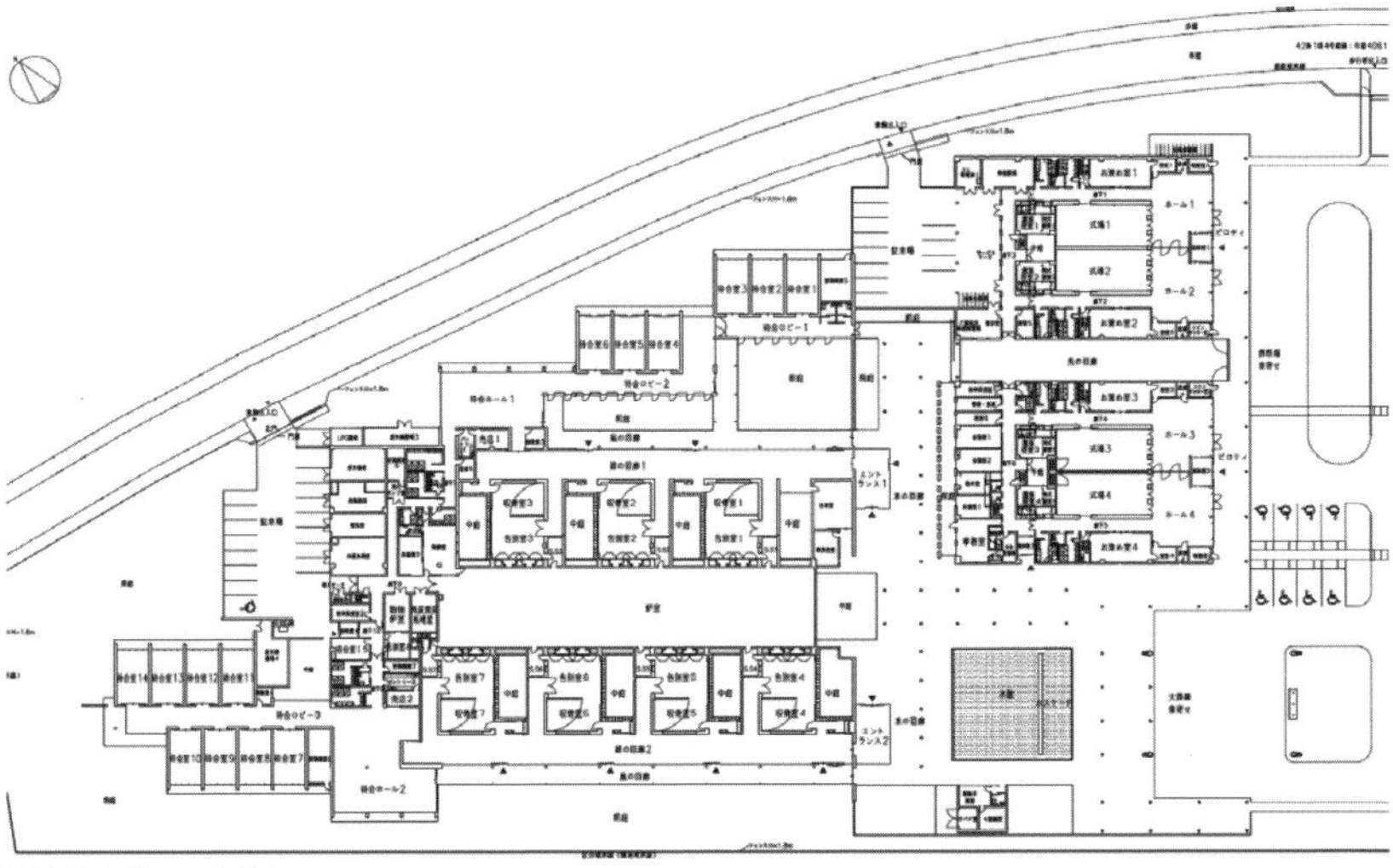

越谷市斎場の平面図

されてくるのが設計である。したがってＰＦＩでの発注は、その利点を生かすためには、仕様発注ではなく性能発注に必然的になっていく。

事業者選定方式には仕様を詳細に定め、価格を含めて評価する総合評価型一般競争入札と、仕様は詳細を定めずに民間事業者の提案を多く取り入れる公募型プロポーザル方式がある。火葬場に求められるサービスを具体的に実現可能な提案内容が施設計画の中で明示され、管理運営のプログラムで裏打ちされることになる。サービスの質の高さ、効率的かつ安定度の高さ、合理的な費用などから最適なものが選ばれることになる。

契約が成立すると、施設は設計・施工される。さらに運営管理まで行うことになるが、施設の品質、サービスの質の確保には十分な配慮と、方策が求められる。要求水準書はサービス内容、機能などの仕様を発注者側が示すものであるが、そこに建物の質を含めたすべてを表現することはできない。社会環境の変化から葬儀の形態も変わる。仕様を決めた場合、新たな提案を行うことができず、ニーズの変化に対応できるかは難しい。対応できないとサービスの低下につながる。

要求水準書の内容を遵守させ、価格競争を実施させただけで

越谷市斎場の全景

は、従来の公共事業方式で実施の場合での建築の質を確保させることは困難である。的を射た要求水準書の作成と、審査員も提案内容を見極める能力がなければ、プロポーザル方式でも質の向上を図ることはできない。内容を見極めるにはヒアリングにより提案理由を確認することも重要である。そのためには、アドバイザーや審査員の素養も重要となるとともに、事業者選定にかかわった者は、運営まで責任を持って対応することが求められる。

審査結果を見ると、一般競争入札方式では、コストの大幅な削減が評価されているが、提案内容には不満も見られる。プロ

越谷市斎場の回廊。
独立した炉前ホールへの入り口を持つ。

火葬炉二基でひとつの炉前ホール（告別・拾骨室）とし、中庭を設けている

二つの入り口を持つ越谷市斎場のエントランス

ポーザル方式は、コストの削減がそう大きくはないが、レベルの高い提案がなされたことを評価している。

火葬場の例である。

越谷市斎場は、PFIで整備され日本で最初にオープンした火葬場の例である。プロポーザル方式で、火葬場の将来のあり方を踏まえた内容の濃い提案がなされた。施設計画のみならず、運営・維持管理、事業の安定性の面で、レベルの高い計画が示された。そのなかで、会葬者の個別性に対する十分な配慮、すぐれた動線計画、施設計画と運営計画の有機的連動、豊富な実績を示したグループが選定された。

ゆとりあふれるエントランス空間、人々の思いをつなぐ三つの回廊、緑の庭園に面した待合スペースがあり、炉前での見送りも個別で行える空間が設けられている。告別から見送りを一連で行える告別空間を七室設け、それぞれに二基の火葬炉がある。告別室と可動間仕切りで仕切られた拾骨室と季節を感じる中庭で構成され、中庭越しに炉前を見守る小空間や、告別室に向かう専用通路が設けられた。

拾骨の場はフレキシブルに空間が変化

折々の季節感が感じられる中庭を前に
別れのセレモニーを行うことも可能

第四章

火葬場の運営と火葬の仕組み

法的な定義と法令での扱い

火葬と火葬場の定義

火葬場の法律としては、昭和二三（一九四八）年制定の墓地、埋葬等に関する法律（墓埋法）がある。第二条七項に、火葬場とは火葬を行う施設として都道府県知事の許可を受けたものをいうと定義されている。また火葬場の位置と規模については、建築基準法と都市計画法の定めがある。墓埋法での火葬の定義として「火葬とは死体を葬るためにこれを焼くことをいう」となっている。

平安時代以降、火葬場のことを三昧《さんまい》もしくは三昧場《さんまいば》といってきた。三昧場とは仏教用語で、火葬場だけでなく葬儀場もしくは墓地を指す。江戸時代になると、火《ひ》屋《や》・火家《ひや》・龕屋《ひや》が普通となった。これらは荼毘所《だびしょ》、火葬寺なども記された。龕《がん》の字を当てて龕屋と読ませた点では、宗教的な意味が含まれているものと思われる。火葬は荼毘《だび》、荼毘葬、または荼毘に付すと表現されている。荼毘とは梵語のjhapitaの音訳で、焚焼、焼身の意味である。火葬場と墓地を一体ととらえて、併せて墓所

大阪・和泉市の火葬場は名称をいずみ霊園とした

と呼んだりもした。

明治初期の地図には、火葬場は焼場《やきば》と記されていた。

昭和四（一九二九）年に建設された新潟市の火葬場の名称は「青山斎場」であった。火葬炉の前に仏像を安置し、火葬前にそこで読経が行われていた。斎場というとおり、新潟では集落ごとの野焼き火葬場を葬礼場《そうれば》、昇魂場《しょうこんじょう》と呼び、火葬は葬儀の一部であった。

長野県松本市の火葬場は、大正七（一九一八）年の開設で、オープンと同時に、市民の出費を抑えるために市民の葬儀サービスを行う、市営葬祭センターが創設され、市職員によって霊柩車の運行や祭壇の飾りつけまでが行われ、葬祭と火葬が一連の流れの中で位置づけられている。火葬場の名称は「葬祭センター」であった。

明治の火葬再開後に出された、火葬した遺骨をその場に埋葬してはいけないという通達が示すように、もともとの火葬場は墓地と一体で整備され、火葬した焼骨をそこに埋葬していた。江戸時代までは墓地という名称は、火葬場も示した。墓地と火葬場を分離する指導は明治以降のことである。墓地のなかに火葬場があるのはその名残である。

大阪府和泉市の火葬場は昭和四七（一九七二）年に建設された。墓地は併設していないが、名称をいずみ霊園とし、平成一四（二〇〇二）年には新しい施設が建設されている。

昭和五〇年代から、火葬場の名称に「火葬場」という以外の名称が用いられる事

アメリカ・ラスヴェガスの火葬場の遺体を燃やすだけの炉

例が増えた。「〇〇斎場」「〇〇聖苑」「〇〇斎苑」「〇〇苑」などが多く見られる。カタカナの表記を用いるものも見られる。しかし、民間の葬儀式場と混同したり、老人ホームをイメージするなど、名前から火葬場を連想できないものまで見受けられる。火葬とは「遺体を火で葬る」という意味である。単に嫌悪感を避けるための安易なネーミングではなく、施設の意味を考えてのネーミングが求められよう。

海外での位置づけ

英語のクリメーション（Cremation）は火葬と訳されているが、クリメーションには「焼却」という意味もある。欧米では墓地のなかに火葬場がつくられ、管理は一体で行われている。遺族は火葬場内の礼拝堂で別れを行うが、多くは火葬に直接立ち会うことはなく、遺族らによる拾骨も行われず、焼骨は職員が集め、クラッシャーにかけられたあと、容器に収められる。衛生面と合理的な観点で導入されたクリ

炉前ホールで火葬の順番を待つ柩（ストックホルム）

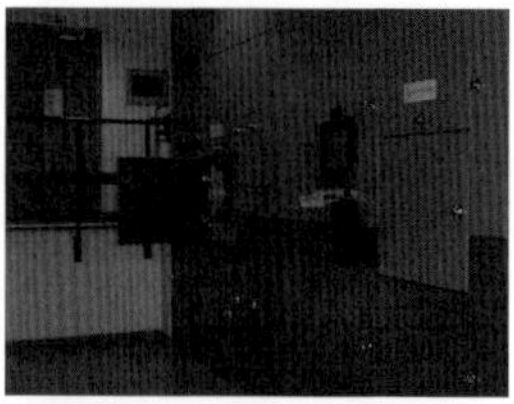

火葬が終わると職員が炉の下の箱に焼骨をかき落とす

粉骨にされた焼骨。セラミックのプレートは故人を表す印

炉室内に並ぶ骨壷。宅配便で送られる

山すその傾斜地を利用してつくられた墓地のなかに、葬儀式場と火葬場を備えた、中国・重慶市江南殯儀館

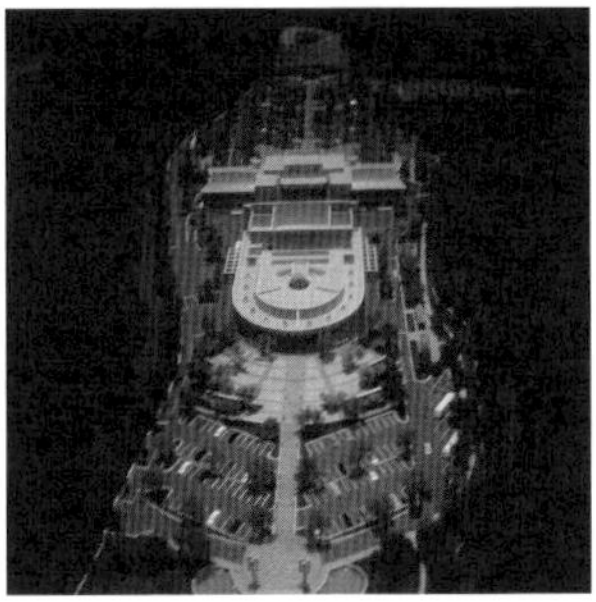

葬儀式場、火葬場、納骨堂、墓地に文化的要素を組み込んだ、韓国・水原市蓮花場

メーションであり、日本の火葬とはまったく異なる行為であると見るべきであろう。アメリカのダイレクト・クリメーション（Direct Cremation）は葬儀を行わずに、直接火葬場に遺体を運び焼却する方式である。

　中国では、葬儀式場、火葬場、納骨堂などが一体的に整備され、それらはまとめて殯儀館という。韓国でも火葬場のイメージアップのため総合葬墓施設として、葬儀式場、火葬場、納骨堂などが一体で整備されることが多くなり、さらに文化的な要素が組み込まれている。葬事に関する法律には、墓地と火葬だけでなく葬礼式場（葬儀式場）の設置・管理についても定められており、法律でも一体的に扱われている。中国では、葬儀、埋葬や火葬などを含めて殯葬《ひんそう》と、韓国では葬事《そうじ》と表現する。日本にはそれに該当する言葉は見当たらない。

日本の関連法

　墓地、埋葬等に関する法律（以下、墓埋法）は墓地、納骨堂または火葬場の管理および埋葬等が、国民の宗教的感情に適合し、かつ公衆衛生その他公共の福祉の見地から、支障なく行われることを目的としたもので、「火葬」とは、死体を葬るためにこれを焼くことをいうとあり、また「火葬場」とは、火葬を行うために、火葬場として都道府県知事の許可を受けた施設をいうと定められている。

　また、火葬の実施に関しても墓埋法で定められており、どこでも自由に行うことができるものではなく、市長村長の許可が必要となる。また市長村長は火葬の許可を与えるときは火葬許可証を交付することが定められている。

墓地、埋葬等に関する法律（一部抜粋）

第一条　この法律は、墓地、納骨堂又は火葬場の管理及び埋葬等が、国民の宗教的感情に適合し、且つ公衆衛生その他公共の福祉の見地から、支障なく行われることを目的とする。

第二条二　この法律で「火葬」とは、死体を葬るために、これを焼くことをいう。

7　この法律で「火葬場」とは、火葬を行うために、火葬場として都道府県知事の許可をうけた施設をいう。

第三条　埋葬又は火葬は、他の法令に別段の定があるものを除く外、死亡又は死産後二十四時間を経過した後でなければ、これを行つてはならない。但し、妊娠七箇月に満たない死産のときは、この限りでない。

第四条2　火葬は、火葬場以外の施設でこれを行つてはならない。

第五条　埋葬、火葬又は改葬を行おうとする者は、厚生労働省令で定めるところにより、市町村長（特別区の区長を含む。以下同じ。）の許可を受けなければならない。

2　前項の許可は、埋葬及び火葬に係るものにあつては死亡若しくは死産の届出を受理し、死亡の報告若しくは死産の通知を受け、又は船舶の船長から死亡若しくは死産に関する航海日誌の謄本の送付を受けた市町村長が、改葬に係るものにあつては死体又は焼骨の現に存する地の市町村長が行うものとする。

第八条　市町村長が、第五条の規定により、埋葬、改葬又は火葬の許可を与えるときは、埋葬許可証、改葬許可証又は火葬許可証を交付しなければならない。

建築基準法と都市計画法でのとらえ方

火葬場は建築基準法第二条で特殊建築物として位置づけられている。法第五一条で供給処理施設として、位置について都市計画区域内においては都市計画にてその敷地の位置が決定しているものでなければ、新築し、または増築してはならないとなっている。ただし特定行政庁が都道府県都市計画審議会の議をへてその敷地の位置が都市計画上支障がないと認めて許可した場合、または政令で定める規模の範囲内において新築し、もしくは増築する場合を除くとされている。

建築基準法において火葬場は特殊建築物に分類されているが、建築基準法の中には構造などに関する表記は見られない。建設にあたり、設置者は関連すると思われる法律や条令を照らし合わせながら計画・設計を行っており、関連法規などをどのようにとらえて計画・設計を行うかによって、施設の内容に違いが発生している。火葬場に葬儀式場の併設を認めるところもあれば、認めないように指導しているところもある。

火葬場における都市計画決定は火葬場の位置（面積）を定めることでなる。都市計画法では都市計画決定の手続きとして、住民の意見を反映させるために必要に応じて公聴会や地元説明会を開催すること（法第一六条）、関係住民に対して計画案の縦覧を行なうこと（法第一七条）、計画案を県の都市計画審議会に付議すること（法第一八条、第一九条）と定められている。特に地区計画を決定する場合は、関係権利者の意見を聞いたうえで案を作成することが義務づけられている。

都市計画決定は、その種類や規模によって、県知事が行うものと市町村が行う場合がある。墓埋法第一一条で、ただし都市計画事業として施行される場合は都市計画法五九条の許可また、承認をもって許可があったものとみなすとあることから墓埋法より都市計画法が優先されている。

葬送行為と施設運営

火葬場内での実務

火葬とは宗教的感情に適合させ、死体を葬るためにこれを焼くことである。日本の火葬場の場合、遺体の火葬のほかに、遺体との最後の別れとなる告別行為、遺体が火葬炉に納まるのを見送る行為、焼骨の確認行為、焼骨を拾い骨壷に納める行為が行われ、それらを行うことによって故人の死を受容する場にもなっている。

火葬場で行われる行為は、その地方の慣習・宗教儀礼および設置者の運営の方式で異なり、建物の平面計画によっても葬送行為の流れが影響を受けることになり、運営体制および人員構成に大きな影響を与える。

火葬場での行為として遺体の火葬があげられるが、そのほかに告別行為、見送り行為、拾骨行為、火葬終了まで待つ待合行為がある。ほかに通夜および告別式等の葬儀式場の運営等があり、それらを滞りなく行うことが業務として求められる。火葬場で行われることは、その地方での慣習及び設置者の運営方式で異なる。

火葬炉の前での拾骨の準備

拾骨のため準備された骨壺と火葬証明書

火葬場の職員の日常業務として次の事項があげられる。
①施設全体を統括し、管理する施設管理業務
②利用者の受付けおよび火葬証明の発行等を行う火葬受付け業務
③使用料を徴収する料金徴収業務
④遺体を炉に納棺・火葬・拾骨までの火葬業務
⑤会葬者等を誘導し、儀式をスムーズに進行させる遺族案内業務
⑥火葬中の待合中に湯茶のサービスを行う湯茶接待業務
⑦建物の清掃を行う日常清掃業務

さらに建物および火葬炉設備の保守点検等を行う建築設備保守業務、炉設備保守業務、夜間や休日など職員不在時の警備業務等があげられる。

ＰＦＩや指定管理者制度を導入した場合でも、火葬場での基本的な業務は変わらない。

ＰＦＩでは、民間の資金や技術的・経営ノウハウを積極的に活用して、効率的で質の高い行政サービスを達成することを目的としている。資金調達から施設の建設、それに運営まで民間の活力で一括して行い、公共施設が管理委託や第三セクターによる運営でなく、事業として経営感覚に裏づけられたサービスが提供されることである。従来の設計業者、施工業者、火葬業務の委託業者を決める方式とは異なるものである。

指定管理者制度は、平成一五（二〇〇三）年六月に地方自治法が一部改正されて誕

炉前ホールで
火葬炉に柩が納まるのを見送る

火葬炉に柩を納め、
僧侶の読経により見送る

生した。民間企業等も「公の施設」の管理を行う指定管理者になることができるようになった。指定管理者制度とは、多様化する住民ニーズに、より効果的かつ効率的に対応するため、公の施設の管理に民間の能力を活用しつつ、住民サービスの向上を図るとともに、経費の削減等を図ることを目的としている。従来の管理制度では、地方公共団体の出資法人、公共団体、公共的団体が管理受託者として公の施設の管理を行うというものであったが、地方公共団体の指定を受けた者が「指定管理者」として管理を代行するものである。指定管理者の範囲として特段の制約を設けないとしており、指定管理者として民間事業者も含め、広く門戸が広がることになる。現在、導入理由を見ると、ＰＦＩも指定管理者制度もサービスの向上よりも経費の削減を大きな目標としている。

現業を伴う公共サービスの位置づけ

火葬場は基本的な公共施設であるとともに、現業を持ち、故人との最後の別れの場として、それぞれの会葬者集団や故人の尊厳にかかわる極めて質の高いサービスが求められる。

炉前ホールの混雑を嫌い、第二次大戦前にヨーロッパのシステムを導入する試みが見られたが一般化しなかった。衛生的な観点での単なる遺体処理ではなく、炉前での見送り時の個別化を図り、それぞれが心ゆくまで別れができるように配慮するなど、火葬場にとって、本来のふさわしいサービスを提供しようとする例も見えはじめている。

火葬場でのサービスは利用者に対して葬送行為をどう満足させるかが重要である。火葬業務に従事する人（火葬職員）は火葬炉の操作だけでなく、会葬者への配慮が必要で、火葬をコーディネートすることが役割として求められる。

会葬者への配慮

火葬場は火葬炉へ遺体が納まるのを見送り、焼骨を拾うことによって、故人が亡くなったことを受容する場である。身近な人との死別にかかわる悲嘆はとりわけ、心を強く痛める。特に突然訪れた死の場合は、遺族は深い悲しみを味わうことになる。火葬の際に遺族の身体的、心理的なストレスは最高潮になる場合が多い。感情的にも高ぶり、通常の心理状態ではなくなることもままある。火葬場は死を受容する場として、遺族への十分な配慮が必要となり、その業務に携わる職員には多くの力量が求められる。

職員は、遺族に対するそのような心情に対するケア（グリーフケア、Grief Care）も必要になる。現在の火葬場には、そのようなケアに対する考えが十分浸透しているとは言い難い。遺族の心情をあまり顧みず、作業の効率性のみを追求している場合も見られる。故人との関係が強ければ、死を簡単には受け入れ難い。

悲嘆の状態は個人個人それぞれ異なるものである。配偶者との死別、子どもとの死別、親との死別などそれぞれの状況によっても悲観の感情が大きく異なる。マニュアルどおりのすべて同じような画一的な対応では、場合によっては遺族の心情を害する要因となることもあり、遺族とのトラブルにつながることもある。したがって火葬職員には、遺族の心情に配慮した、その場の状況に応じた対応が求められる。火葬の予約の際には、故人につながる情報は少ない。氏名、性別、年齢ぐらいで、どのような状況で亡くなったかについての詳細や遺族との関係がわからない場合が多い。したがって、遺族の様子から判断することも求められ、瞬時の対応が求められることになる。またほかの遺族や会葬者とのバランスを保つことも必要である。

公営施設としての評価

公営火葬場では各業務に関して、地方公共団体職員が行う場合、民間委託職員が行う場合、葬儀業者が会葬者に対するサービスの一環で代行する場合があるが、遺族がセルフサービスで必要な行為を直接実施する場合がある。

誰がどの業務を行うかについては、運営方針によって異なる。業務委託の場合は仕様書に基づいて業務を行うことになる。しかし、仕様書には業務内容を事こまかに記されてはおらず、一般的な事項に限られている。

運営規則は火葬場の運営に関しては定められているが、すべてが網羅されているわけではない。また業務内容に関して、明確に仕様に記載されていない場合がある。業務内容のとらえ方も幅広いため、発注者側と受託者側での相互間の調整が必要となる。

仕様書には業務の質までは表現することは難しいため、業者の選定方法には留意が必要となる。したがって単純な仕様書に基づいた金額の多寡による選定ではなく、職員の管理および教育体制やほかの施設での業務状況などを含めて判断することも必要となる。

日本の場合、火葬場に対する評価システムは確立されていない。イギリスやアメリカに見られるような独立採算でもないため、利用者獲得のためのサービス競争にもなっていない。利用状況によって施設が評価されることはない。中国のような火葬場の等級評価も見られない。

またほとんどが公営で、利用者が火葬場までの距離を重視し、居住者優先の料金体系や受付方法もあり、積極的に利用者側が火葬場を選んでこなかった経緯がある。運営費の多くは税金で補填されており、利用に関して直接の支払いは少ない。行政サービスの一環として火葬を行っているため、行政主導のサービスとなっている。

業務委託の場合は仕様書に基づいて契約が交わされているが、提示されている内容は抽象的なもので受け取りようによっては実施業務に大きな差となるものである。遺族の心情に配慮することが火葬場では重要だが、サービスの評価が行われていないため、実際は接遇態度などの差が明確にならないことがほとんどである。

ＰＦＩの場合はモニタリング制度があるが、長期契約に基づき行われるもので、契約によるサービス購入料の増減の対象となるものが中心で、よりよい事業者を選ぶものではない。指定管理者制度ではモニタリング制度自体がない。

誰にでも業務を行うことができるという考えが根強く、機械の操作員を選ぶのと同じ感覚で、入札により受託業者を決めようという考えも多く見られる。

火葬場でのサービスは利用者が葬送行為にどれだけ満足するかが重要だが、そこまで問題意識は高まっていない現状がある。業務実施者を評価するシステムが求められる。

火葬炉の仕組みとその歴史

日本の火葬炉

日本の火葬は会葬者が柩が火葬炉に入るのを見送り、火葬後の焼骨を確認し、会葬者らで拾骨を行う。火葬炉も遺族らの心情に配慮するように、欧米に見られる形式とは全く異なり、独自に発展してきた。

一体ごとに火葬する方式で、時間の短縮やきれいに焼骨となるように燃焼状況の改善がされてきた。さらに会葬者の目に入る部分の仕上げを考えるなど、さまざまな工夫がされている。住宅地に近い場所にある例も見られるため、周辺住民に配慮して、公害防止対策も十分に行われている。

火葬炉は主燃焼室と再燃焼室がある。主燃焼室の直上に再燃焼炉が設置される形式は、昭和四八（一九七三）年に登場し、現在、主流となっている。ほかに排気設備として排ガス冷却装置、集塵装置、誘引排風機、排気筒がある。

火葬炉の柩や焼骨の出し入れの方式として、前側から柩を入れて、火葬終了後、

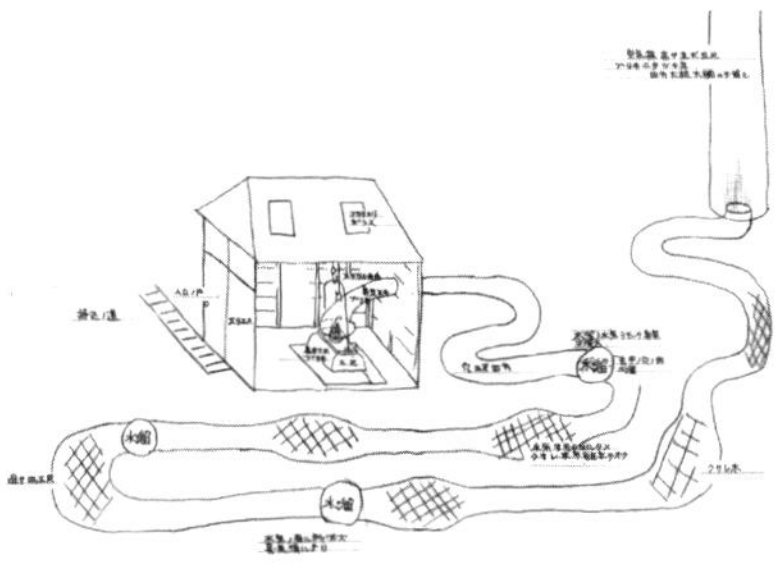
炉から煙突までの間に水たまりとクサレ木を組んだ部分を設け、そこを通過させることにより臭気を消すという火葬場方法を示す絵

焼骨を前側から出す前入れ前出し方式と、焼骨はバーナー側から出す前入れ後ろ出し方式がある。

火葬炉の設備というと、現在では前室の設置や公害防止装置の充実が中心になっている。それに各種制御機器の設置やコンピューター制御により自動化が進み、作業員の労力の低減化が図られており、経験と勘に依存することは減ってきている。制御機器の進化によるさらなる操作の効率化や省力化が進められているが、施設の性格上、地震・停電などの非常時対策も行われている。

無煙化のはじまり

日本の火葬炉がどのような技術的な発展をたどってきたかみてみよう。

都市での明治以前の火葬は簡易な炉による野焼きで行われていたが、たびたびその火葬の煙やにおいが問題視された。

火葬再開以降に出された通達に合わせて、東京の火葬場は火葬用の炉を防火性のある厚壁塗りの建屋で覆い、煙を煙突でまとめて高いところで排出するという形となった。独立した火葬炉が建屋の中にあるのではなく、建屋全体が火葬炉と一体となすような形式で、その中で火葬が行われていた。

明治初年の火葬禁止とその解除を記録した資料「火葬一件」に、火葬再開願とともに、無煙無臭化の試みが記されている。

明治八（一八七五）年六月一三日に東京の第一〇大区三小区浅草吉野町百四番地瑞楽寺住職代理喜田村理左より火葬の臭気の消滅についての上言があり、絵図、火葬場規則、料金等が添えられている

同年七月二二日に同氏より機械による火葬の願図が出されている。当時の茶毘機械絵図面を見ると、焚焼炉は四炉あり、それらは独立しておらず連立している。鉄羅網の中に遺体を入れて燃やし骨だけがそこに残る仕組みとなっている。火葬の際発生する臭気のみを炉から管で吸引し水により無臭化しようとしている。臭気を吸引する管とは別に煙を通す管が煙突につながり、一本の煙突で排気するようになっている。発想としては当時としては画期的であったと思われるが、翌年に違う構造の絵図が提出されているため、実現はされなかった。

明治九（一八七六）年四月一八日に機械の精図を添えて再度設置願が出されている。火葬場法方絵図面を見ると、炉から発生した煙を煙突で排気する方式となっているが、炉から煙突までの間に水たまりとクサレ木を組んだところを設け、そこを通過させることにより臭気を消すという。

同年五月一二日に機械による火葬願が許可され、設置が認められた。六月二二日に、千住南組火葬場の一部を借りて火葬業を行いたい旨の許可が下りている。その様子を「花の都女新聞」（明治九年六月二四日付）は「小塚原火葬場、西洋風の器械焼」との見出しで「小塚原の焼場へ西洋作りの火屋を建築し器械で焼くことを目論見、二十日に検査が済んだと言うこと。煉瓦の石蔵が三〇〇〇円、焼器械一八〇〇

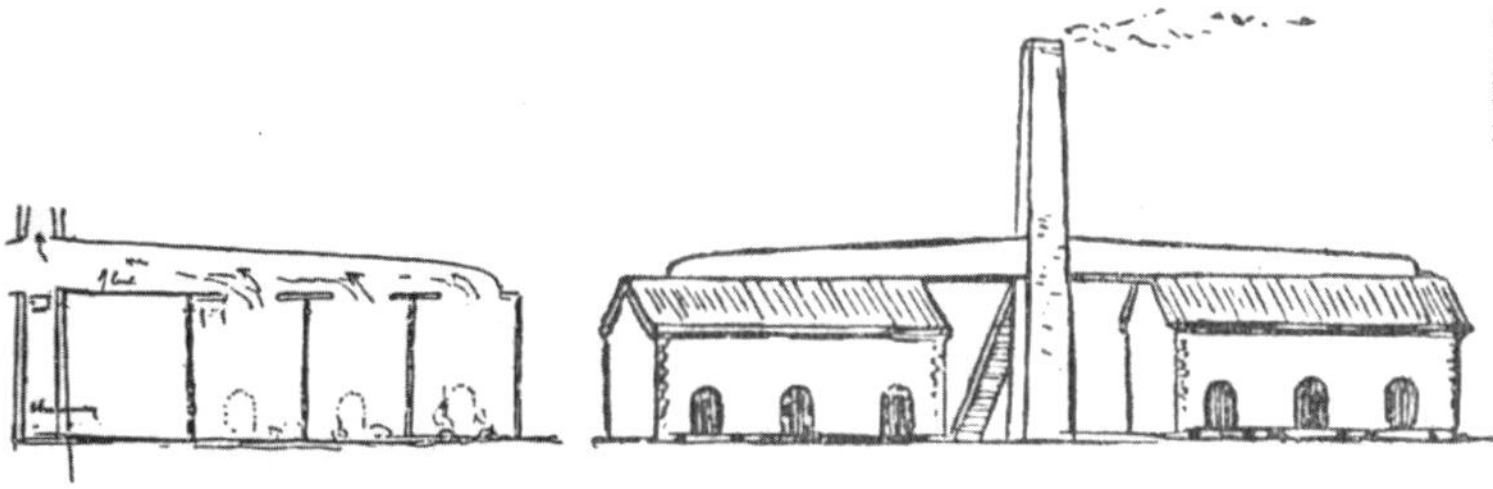

二棟の火葬棟の間、煙突煙道の接続部に通風をよくするために石炭を燃やす装置を設けた、千住火葬場

円ほどかかるときました」と新技術の導入を伝えている。

明治一〇（一八七七）年一二月一〇日に病院教師ブーケマ氏が千住火葬場を訪れ、「荼毘所ハ一大屋中ヲ二室ニ分界シ、其中等火葬ノ室ニ於テ棺桶ニ納レタル屍體ヲ置キ、又他ノ一室ニハ下等火葬ノ二屍置キ……」と火葬場の様子を報告している。大きな建屋は中等と下等の二つに分かれており、家屋の中に火炉を設けて出入り口以外の四面は塗壁にして煙突を高く設けている。火葬焼具は土間を掘り下げたもので、もっぱら松薪を用いて柩あるいは死体の四面を囲み、上面をむしろで覆い火化させていると説明している。

さらに、臭気に関しては近傍の住民に不快感を与えているため、焼却炉の改造が必要であると意見を述べている。

また明治一五（一八八二）年に大森貝塚の発見者であるアメリカの生物学者E・S・モースも千住火葬場を訪ねている。

『日本その日その日』では、そこには掃き清められた地面、きちんとした垣根、どこでも見受けられる数本の美しい樹木に対して意外であるとの印象を記している。残されたスケッチに、土蔵風なれんが造りの二棟の火葬棟とその間に高い煙突が見える。燃え上がる煙を屋根の上から引き、煙道で煙突に導いている。その接続部に多数の死体を同時に焼却する場合、煙突の通風をよくするために石炭を燃やす装置が見られる。これは今の再燃焼装置に相当するものと考えられる。

室内は、土間を掘り下げて石で枠組みをした炉が見える。身を折り曲げた遺体を、薪二本と少量のたきつけとからなる火葬堆の上にのせる。しばらく火が燃えてから、その上にわら製の米俵をかぶせる。部屋は煙で満ちていたが、それらは遺体からよりも、むしろ燃えるわらから出るので、事実、部屋の壁が煤で黒くなっているにもかかわらず、臭気はほとんどなかったと説明している。

窯から炉へ

衛生施設として再出発した明治以降の火葬炉の改善は、まず燃料から始められた。薪やわらから、石炭、電気や石油を使っての火葬である。

大正時代には、より燃焼力の強い火葬炉が考え出された。いかに短時間で、効率よく火葬することに焦点があてられた。たとえば、大正四（一九一五）年に静岡市の火葬場に設けられた、葉若雄次の考案による特許若葉式火葬窯がある。その「火葬窯」は明治四五年（一九一二）に特許が下りている。薪を燃料にたき口を横に設け、空気を送り込む、火力の大きい寝棺炉であった。同時期に伊勢市の火葬場にも納入されている。

やや早く、木村長助による「木村式火葬竈」が前年の明治四四年に特許が下りている。外国製のれんがを用いた排気筒のある火葬炉で、炉内に二本のレールを設けてその上に横棒をのせ、柩がれんがに直接触れないようになっている。いわゆるロストル式火葬炉のはじまりである。

石炭による火葬炉

大正二（一九一三）年に香川県高松市の各宗連合報国協会が、石炭を燃料とする、屋根つきの火葬場をつくり、葬祭場を経営しはじめた。炉は石炭燃焼の異臭が強く、火葬に長時間かかるところから、市は新火葬場の新設を計画し、同火葬場を買収しようとしたが、話し合いがつかず、ほかに用地を求めた。

石炭用の「屍体焼却装置」には大正一二（一九二三）年に特許が下りている。発明者は橋場兵蔵で、特許権者が水野善重である。燃焼室と空気口を有し、重油を燃焼にすることも考えに入っていた。また煤煙に火炎を触れさせて完全燃焼を図るようになされていた。

同年、東京博善は石炭使用の実施権を得た。関東大震災により被災した火葬炉の修復とあわせ、逐次石炭炉は改造されていった。大正一五（一九二六）年五月に和歌山市に石炭炉一一基が納入された。昭和二（一九二七）年には、名古屋市八事火葬場で、東博式特許石炭火葬炉が一五基築造されている。「毎日灰にするまでには一〇貫匁の石炭を消費する」と、新愛知新聞は伝えている。

電気による火葬炉

大正三（一九一四）年に静岡市は渡米する影山博士に電気火葬の設計を委嘱した。

しかし、これは動力を用いた重油バーナーでの火葬炉であったと思われる。

電気による火葬は「電氣焼却爐」の特許がアメリカ人ローソン・ヘンリー・ギディングスによって明治四四（一九一一）年四月二一日に出願され、同年六月一七日に特許が下りている。側壁と床に電気抵抗物に電流を流し、その加熱作用によって遺体を火葬するものであった。

電気炉の実験の様子は読売新聞（大正五年四月一三日）に「電氣火葬好成績」という見出しで、「浅草花川戸　田沼淺吉氏等唱道の電氣火葬は此程大阪市役所に於いて豚一頭（十貫目餘）の焼却試驗を爲せるが全く無煙無臭の好成績にて賞賛せられ九州各地、京都、神戸等より右實施方申し込みたりと」と報じている。

この田沼式電氣燒爐は大正四年に実用新案登録され、実用化は二年後となる。「電氣火葬會社愈々創立す」と読売新聞に、電気火葬を目的とした会社の設立が報じられている。ほかにも「東京千住に電氣火葬場を設置」という見出しで報じられている。また、東京博愛によるこの潮止電氣火葬場の開業広告が、読売新聞に掲載される。「電氣火葬場開業」と大々的に見出しを付け、「文明的而無煙無臭、僅か二時間餘にて燒ける、大正九年五月廿八日午前五時より開業致します」というものであった。

また、神戸市の夢野火葬場で電気による火葬が開始された。これを「神戸の電気火葬場」との見出しで、神戸の新聞が伝えている。「夢野の火葬場は市営である上に、珍しい電気火葬場である。一千坪の明るい敷地に四百坪の建物で、礼拝堂、死体室、納骨堂の他に変電所や附属の建物があって、二三万円から要したという。寝棺と座棺用焼却炉が五〇基で、犬猫牛馬用が二基ある。大正一一年の冬から電熱で火葬をしている。一年に一万二～三千人の死亡者で、春日野と須磨にも火葬場があるが、電熱火葬は夢野ばかりである。一日に二〇人から三四、五人焼いて居るが、二、三時間から五、六時間、平均六時間で完全に焼けてしまうそうな。「わしが死んだら電気で焼いて、粉にして灰にして吹き飛ばせ」で心残りがない。それに火葬場特有のジメジメした陰鬱さも無く、一種の壓はしい死臭もなくて、カラリとして晴れやかで、如何にも文明開化らしい気持ちがする」とある。

電気炉はその後、各地に普及し、昭和一〇（一九三五）年には全国で五〇か所を数えた。電気炉は石炭炉に比べ、人手が少なくてすみ、かつ清潔であった。火葬時間は一体当たり三時間程度であった。しかし、電力事情やニクロム線の断線が多いこと、炉内の温度が上がらないことから、いつのまにかほかの炉に切り替えられた。

重油炉の登場と普及

重油炉の特許は東京市の小柳英次郎と高木勝太郎から大正一〇（一九二一）年に特許が下りている。バーナーによる火炎を下から直接噴きつけて火葬する方式であった。実現したのは大正一二（一九二三）年で、その様子が「一時間半で火葬が出來る世界的の新發明」と読売新聞（大正一二年七月三日）が写真入りで大きく報じてい

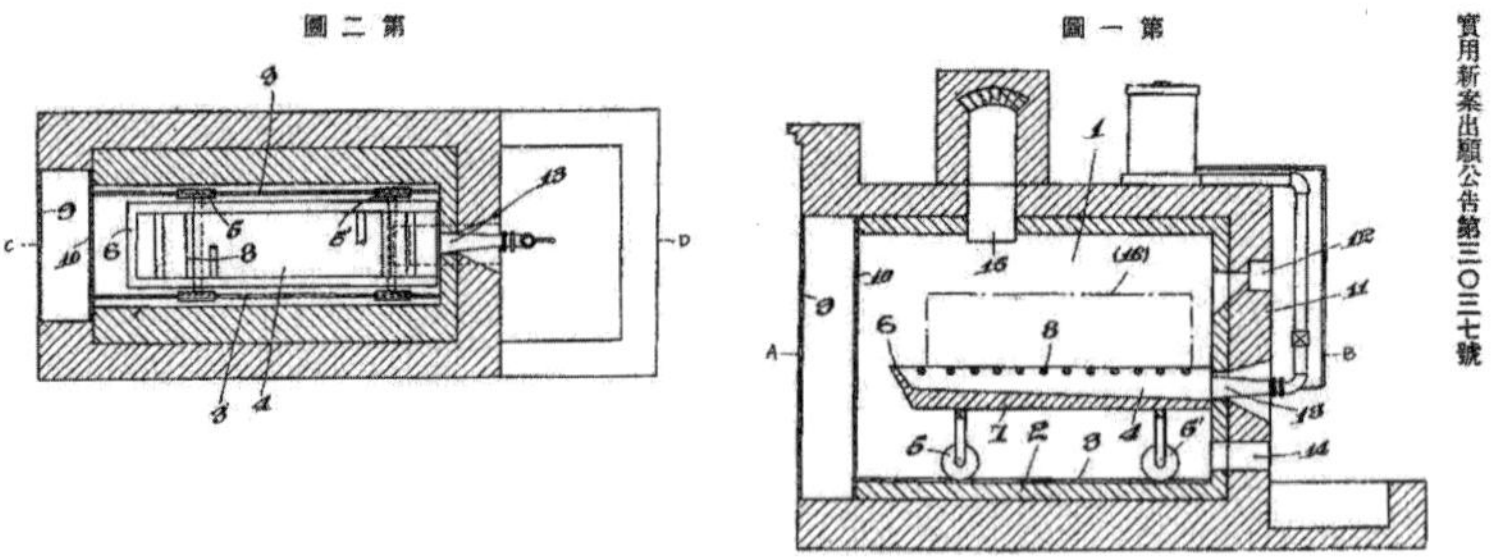

昭和四年公告の重油炉の説明図。現在の火葬炉を比べても構造はなんら変わらない。

る。それによると、「火葬時間が一時間半と大幅に短縮され拾骨も即日でき、煙や臭いに対しても有効だということもあり、この炉の登場が他の火葬場に与えた影響は大きい。この片山式火葬装置は堀の内葬斎場納入されている。また片山秀男は排ガスの処理方法を含め、多くの火葬炉の特許を取得していた」とある。

その堀之内葬斎場営業開始の広告が同じ、読売新聞に掲載されている。「火葬は法律上日没後にあらざれば行ふ事を得ざるものですが當火葬場に對しては警視廳より白昼何時にても作業し得る許可を得ております」と宣伝している。

『東京博善株式会社五十年史』によると、東京博善は大正一三（一九二四）年一〇月に重油火葬試験炉二基を造り重油火葬の研究に取り組んだ。監督官庁たる警視庁衛生部の勧告と激励により研究を継続し、試験炉の段階を超えて大正一五（一九二六）年に正式に二基の重油炉を築造することができ南千住警察署の監視のもとに時々昼間の火葬を行っていたという。

昭和二（一九二七）年六月には警視庁の正式許可を得て重油式火葬炉による昼間の火葬が、町屋火葬場で正式に行われた。その重油炉は昭和二年六月一八日付で重油火葬装置の実用新案を出願人・考案者中山理々、出願人・宇都宮日綱の両名、代理人・弁理士清水連郎として出願し、昭和四（一九二九）年三月一四日に公告がなされている。公告原本の図解説明図を見ると、構造は上煙道の台車式火葬炉となっており、バーナーの位置は現在の遺体の燃焼方式と差は見られない。昭和三（一九二八）年には東京の代々幡火葬場に八基、落合火葬場に七基の重油炉が設置された。火葬時間も一、二時間程度短縮された。煙の発生も少なくなり、昼間の火葬が一般化していく契機となった。

横浜市には、根岸町相澤火葬場があり、ドイツから輸入した重油バーナーの火葬炉があった。火葬場自体は明治二〇年の設置となっている。モルタル塗りのモダンな建物であったという。建設当時は重油バーナーがめずらしく、多くの見学者が訪れた。日本で最初の重油バーナーの火葬場かもしれないが、詳細は不明である。

地方でも、昭和四（一九二九）年、新潟市郊外の西蒲原郡坂井輪村字青山に斎場と待合室を備えた新潟市青山斎場が完成した。この炉は三機工業によるもので重油を燃料とした無煙無臭炉であった。

同年に、兵庫県西宮市に法隆寺の夢殿を模した建築の火葬場が完成した。火葬炉は重油を用いた日新式火葬炉で、一時間半で一体を焼骨したと、当時の大阪毎日新聞に掲載されている。

福岡市営龍燈崎火葬場は昭和五（一九三〇）年に重油炉一基を増設して昼間の火葬を実施した。一時間で遺骨を拾えるので、遺族は火葬場の待合室で待って遺骨を持ち帰ることができると福岡日日新聞に掲載された。

重油炉の登場は、バーナー火炎で遺体を直接燃焼させる直接燃焼方式へと変化し、燃焼効率の改善で火葬時間の短縮につながった。従来の夜間に長い時間かけていたものから見ると目をみはるばかりの改善であった。

燃料のクリーン化

東京博善では東京の町屋火葬場内でガスによる火葬も始めていた。水野善重は東京乾留研究所を設立し、四家良と石井清に東京博善から温井光盛が加わり、ガス火葬の研究を始めた。大正一一（一九二二）年に町屋火葬場の一角にガス火葬の実験炉が築造され、自家用石炭乾留設備に続いて、高さ五・五m、直径五・五mのガスタンクもつくられた。ガスの消費が多量に増え、採算に合わないことと、たまたま実験中に事故があり従業員が負傷したのでついにガス炉の研究は中止された。

「瓦斯焼屍爐」の特許は、当時の東京府の箕山信一と新井きみによって、大正一四（一九二五）年に特許が下りている。実用新案はそれより早い。東京市の早川薫による「早川式瓦斯焼屍爐」は燃料に可燃ガスを使うもので、大正四年に登録されている。

富山市は、地元工業炉メーカーにクリーンな燃料を求めて灯油を使用する火葬炉の開発を進めた。昭和四一（一九六六）年に新湊市斎場に灯油炉が登場し、富山市斎場も昭和四二年に竣工した。灯油は重油に比べて単価は高いが、硫黄分が少ないため硫黄酸化物の発生は少なくなる。灯油炉の登場に伴いしだいに重油炉は姿を消していくことになる。

さらにより燃焼効率がよいガスが再び火葬炉にも使用されるようになる。昭和四六（一九七一）年に町屋火葬場にガス炉が再び登場する。ガス炉は都市部を中心に普及していくことになる。都市ガスのストレージタンクを利用しＬＰＧガスを燃料とした火葬炉も見られる。

再燃焼装置による無煙化

火葬炉の無煙無臭化の試みは千住火葬場に見られるように、古くから行われていたが、昭和三〇年代（一九五五～六四）に入り、黒煙と臭気に対する対策が講じられるようになっていく。新設されて火葬場はもちろん、既設の施設も、それまでは市街地から離れたところにあったが、都市の拡大に伴って、人家などに近い位置になってしまったことによる。

火葬炉は、主燃焼炉、地下煙道、長煙突を組み合わせた自然排気方式のものが一般的であった。火葬炉は何炉あろうとも連続した一体の炉として扱われ、いわゆる連立炉方式であった。排気は断熱扉側の炉壁からいったん地下へ煙を引き、地下煙道を通って煙突へ導く地下引き煙道方式であった。炉数が多い場合は地下煙道で排気を集合し、一本の煙道にまとめて長煙突で排気した。

明治九（一八七六）年にドイツ人技術者キウセッペ・ペニーニが開発したものがもとになっている。乾燥土壌のヨーロッパから直輸入したもので、日本では、煙突から雨水が入り地下煙道が湿気を帯びてしまう。地下煙道が湿っているとバーナーを着火しても燃焼ガスが煙道内に滞留した湿った空気の抵抗を受ける。炉の点検口から逆火となる。地下煙道内であらかじめ枯れ草などを燃やしたりして煙道を乾燥させたりしたが、燃焼効率は悪く、黒煙と悪臭を周辺にまき散らすことになった。

その後明治二〇（一八八八）年に東京府の佐久間順と中村傳からの「焼煙燃焼爐」の特許が下りている。火葬炉から出た臭煙を乾留装置を用いて無臭化を図るというものであった。

大正五（一九一六）年には東京市の野澤一郎、堀百太郎、中野欽九郎に「無煙臭焼爐」の特許が下りる。煙道にボイラーを設け、その熱で排ガスの温度を上げて燃焼を促進させるもので、残留する有臭ガスは吸引・洗浄する方式である。

東京市の武見喜三と東京府の栗田嘉平に大正一〇年に特許が下りた「棺柩焼却装置」は、煙道の適所においてニクロム線と銅線を交互に数段配置して、無煙・無臭化を図るものであった。

昭和三六（一九六一）年には、神奈川県川崎市葬祭場に煙道に再燃焼炉が設けられ、無煙・無臭化の火葬炉が登場した。排ガスを再燃焼させることで完全燃焼させて、無煙無臭化させるものであり、これを煙道再燃方式と呼んでいる。あらかじめ再燃焼室を予熱することによって排気能力が増す。東京の四ツ木葬儀所や瑞江葬儀所にも次々と実験的に設置されていった。さらに効果を高めるため、再燃焼炉を煙道から独立させたものが、昭和四二（一九六七）年に富山市斎場に登場した。

その原理は高く評価されたが、集められた煙道に設置されるため、同時に数基が稼動するときなど、再燃焼効果はあまり高くならなかった。火葬炉の一大転機となったのは、昭和四〇年代後半の直上再燃焼炉つき火葬炉である。直上再燃焼方式の

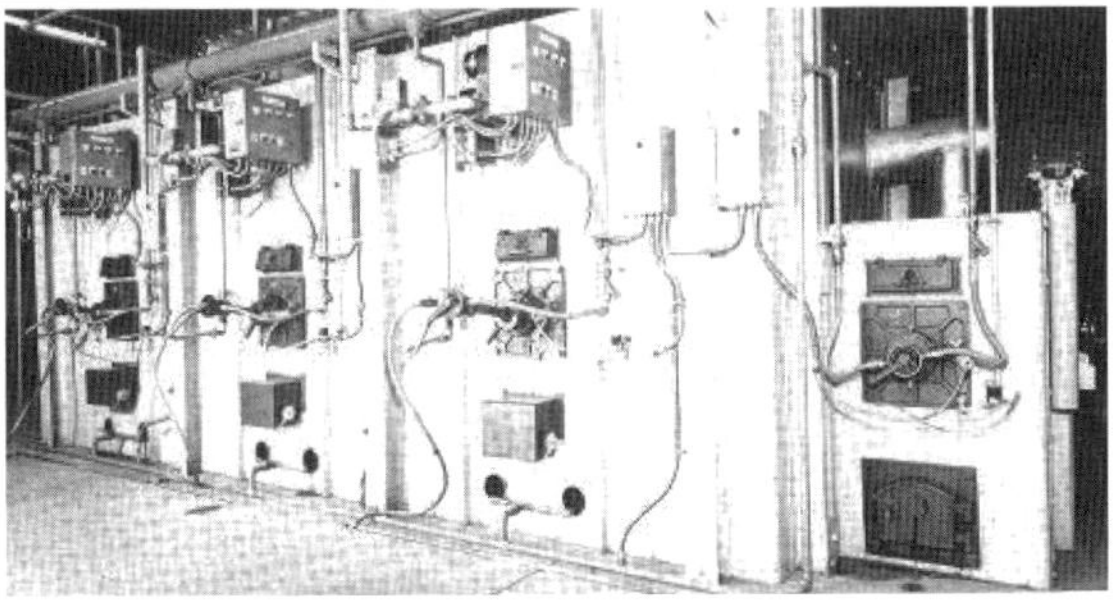

主燃料室の直上に再燃料室を設置し、再燃料効果を高めた古河市斎場の火葬炉

考え方は、大正から昭和初期まで遡ることができる。

加藤英男が考案して日新起業が昭和二年に実用新案に公告された「焼屍爐」は炉体内部に隔板を設け、燃焼部と再燃部を分けたものである。また、昭和二年に東京市の宇都宮日綱によって公告された「火葬爐」は、油燃焼の火葬炉を改造したもので、主燃焼炉の扉側上部に煙道があり、その煙道部分に補助的に油燃焼装置が取りつけてあった。これは煙道に設けられた補助燃焼装置により完全燃焼をねらったものであり、両社とも東京府内で民間火葬場を経営しており、開発競争も激しくなっていった。

直上再燃方式の火葬炉が登場するのはしばらくあとになってからである。昭和四八（一九七三）年に茨城県古河市斎場に主燃焼室の直上に再燃焼室を設置した火葬炉が登場した。主燃焼室一基に再燃焼室一基が設置され、主燃焼室からの排ガスは直上の再燃焼室に流入しアフターバーナーによって完全燃焼させることによって無煙無臭化をねらったものである。地下煙道と比較すると、上方排気のため通風力が増し排気筒の高さを低くすることが可能となった。これにより、火葬場の象徴であった長い煙突が不要になり、外観の工夫で排気筒を目立たなくすることが可能となった。

主燃焼室と再燃焼室

火葬炉本体を構成する、主燃焼室とは火葬を行うための炉室で、柩を耐火台車ま

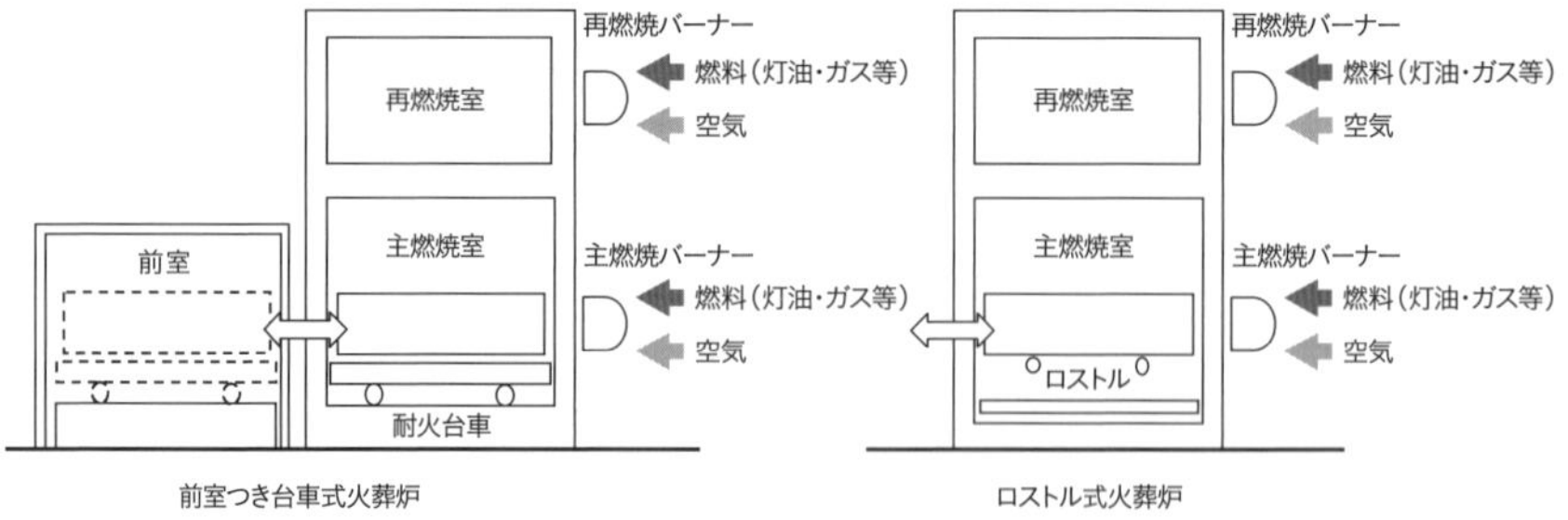

前室つき台車式火葬炉　ロストル式火葬炉

たはロストル上に置き、燃料と空気を供給し、着火、燃焼、給排気、消火、冷却等の一連の操作を行い、骨灰化を行う。内部は耐火れんがで構築されているが、省エネの見地から耐火れんがにセラミックウールがベニアリングされている。

炉の形式には台車式とロストル式がある。ロストル式火葬炉は炉内にロストル（火格子）があり、その上に棺をのせ、焼骨は下の骨受け皿に落ちる仕組みになっている形式で、遺体下部からも燃やすため燃焼はよくなるが焼骨の状態はバラバラになる。また難燃部が骨受け皿に落ちた場合は、バーナーの火炎が届きにくく燃えにくい。台車式火葬炉は耐火台車の上に棺をのせて台車上で燃焼させる。焼骨の状態にバラつきはないが、遺体の下部に火が回りにくいため、燃焼時間が長くなる。そのため耐火台車上に五徳を置いて柩を置くといった工夫も見られる。

再燃焼室は、主燃焼室から発生した未燃焼ガスや臭気成分等を再燃焼させることにより熱分解させる炉室で、内部は耐火れんがで構築され、主燃焼室同様にセラミックウールが張られている。ダイオキシン類の発生を抑制することも可能であり、必要温度と十分な滞留時間を確保できる容積が必要となる。

排ガス処理装置

集塵装置を設けず煙突による自然排気の場合は、排ガス冷却装置は設置されない。集塵装置が付設され、排ガスはそこを通過後に、誘引排風機により強制的に排気さ

前室つき直上再燃方式の火葬炉

高率的なバグフィルターを設置した排ガス処理設備

れる。排ガスを必要温度以下に下げる必要があり、火葬炉では外気を取入れて冷却する冷却空気混合型が使われる。一部熱交換による冷却装置も見られ、回収された熱はバーナーの燃焼用に利用される場合もある。

集塵装置は、排ガス中の媒じんを除去する装置で、集めた媒じん火葬炉の場合は

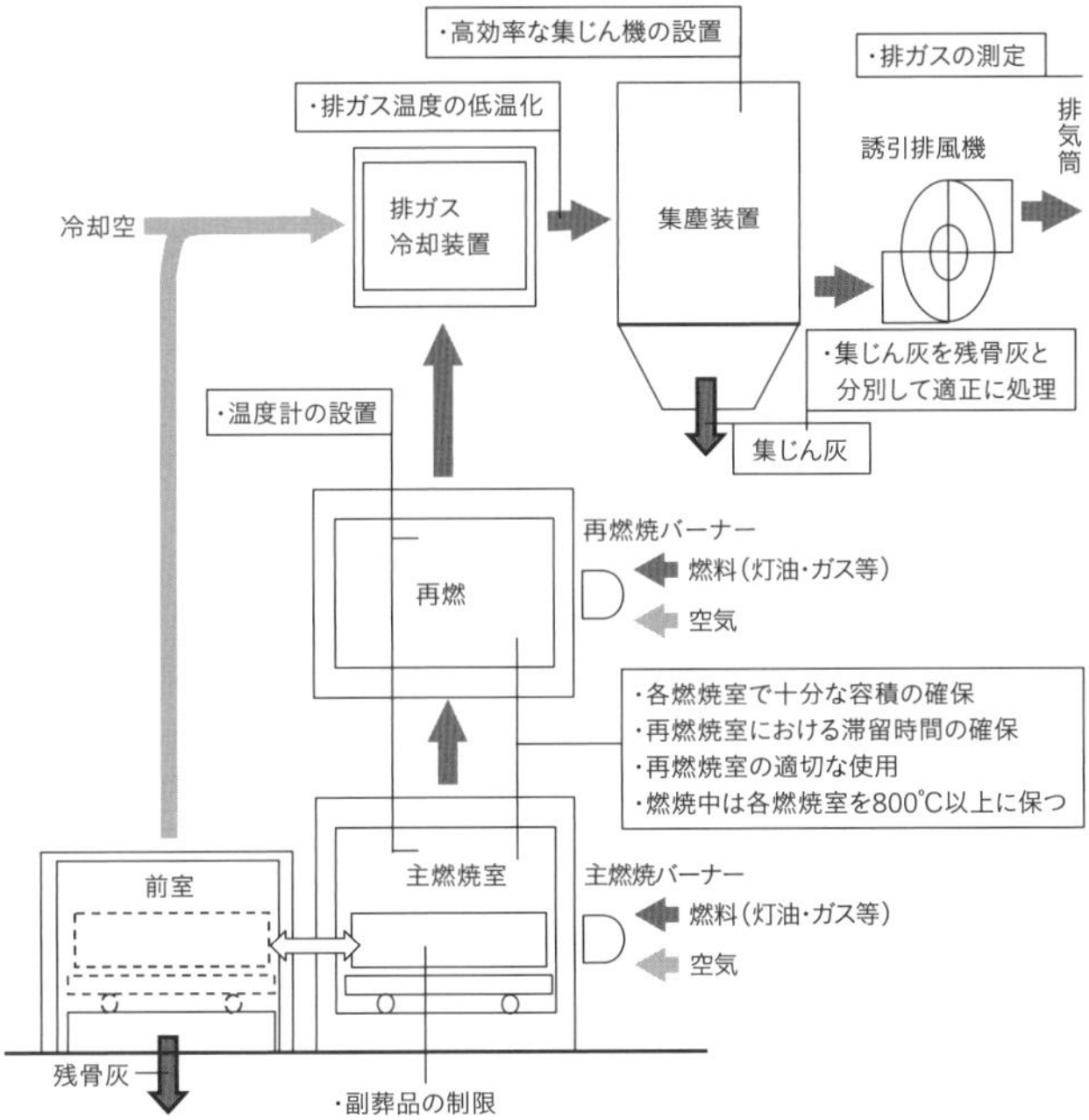

火葬炉のシステムとフロー

二次処理の問題から乾式集塵機が使用される。障害物等を用いて慣性力によりダストを除去するスクリーン式、排ガスの流れを急激に変え運動エネルギーをなくしダストを落下させて集塵するサイクロン式、排ガス中のダストに高電圧をかけて帯電させ、集じん部の電極に引きつけて付着させて集塵する電機集塵機、布やフェルトで濾過させる集じん方式のバグフィルターなどがある。スクリーン式が多く使用されてきたが、ダイオキシン類の排出抑制のため、より集塵効率の高いバグフィルターも使われるようになってきている。

また媒じんだけでなく、ほかの公害物質の除去装置の設置も研究され、窒素酸化物の除去などに触媒を使用するプラントや、新たなダイオキシン類対策を施した設備が開発されている。

発生した排ガスは排風機により強制的に排気される。強制排気とともに炉圧のコントロールを自動で行うことにより安定した燃焼が行え、旧来のような自然排気の高い煙突がなくなった。高い煙突が火葬場を印象づけさせるということで、排気筒を見えないように建物の内部に取り込んだ形になっている。

しかし、公害防止対策上は高い位置で排ガスを大気中に拡散したほうがより効果的であるため、煙突の設置についても検討が必要であるといわれている。

会葬者への配慮と柩の納め方

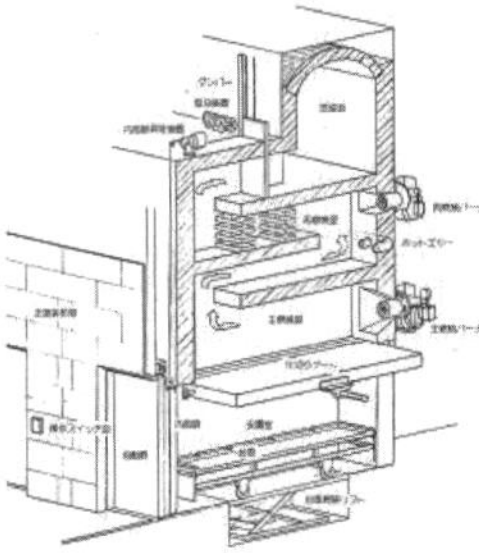

主燃焼室の下部に安置室を設け、遺族にはステンレス製の安置室のみが見える

会葬者への配慮としての前室

台車式火葬炉は、台車にのせた柩を常温の炉室に納める。遺体ごとバーナーによって急激に加熱し、火葬を行う。火葬終了後、焼骨を炉内で冷却し、拾骨のために台車ごと炉外に出される。火葬炉は急熱、急冷を繰り返すことになるとともに、蓄熱した炉内の中では耐火台車の冷却も遅い。過酷な条件下での運転のため炉壁の傷みは激しくなる。遺族は柩の入炉見送りや、焼骨の出炉確認をする。ときには、損傷した炉内を見ることにもなる。

昭和五三（一九七八）年に主燃焼室の下部に安置室を設けた二段式火葬炉が長野県阿南斎場に登場した。炉前ホールの化粧扉を開くと遺族からはステンレス製の安置室が見え、そこに柩をのせた耐火台車で納める。化粧扉を閉めると、主燃焼室（上部）と安置室（下部）の仕切りゲートが開き、台車昇降リフトにより耐火台車が主燃焼室まで上昇し、火葬を行うという形式である。しかし、この方式はあまり普及し

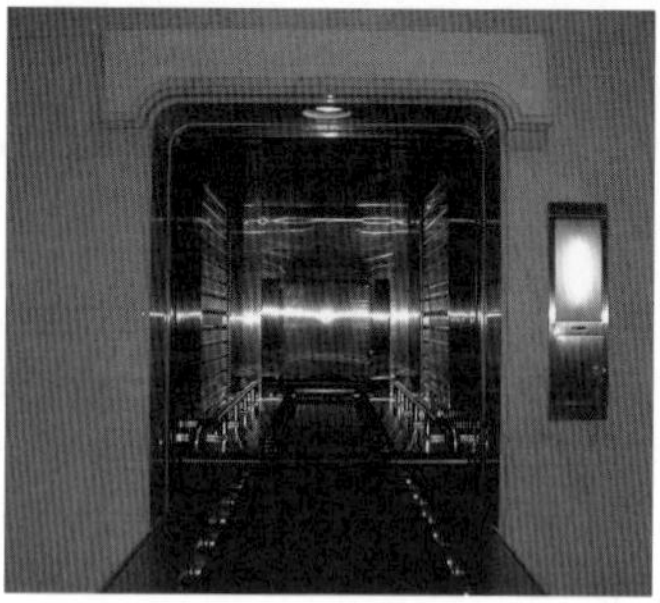

自然納棺装置の性能やデザインにも細心の注意注意が払われた、京都市中央斎場の前室

化粧扉との間に祭壇を納めることができる越谷市斎場の前室

なかった。

火葬炉と化粧扉の間に空間を設けた、炉前室（冷却室）つき火葬炉が翌年の昭和五四（一九七九）年に静岡の伊豆斎場に登場した。主燃焼室の前に冷却室が設けられ、耐火台車の冷却は炉前室で行う。冷却時間が短くなり、拾骨までの時間が速くなる。遺族には焼けただれた炉内を直接見せなくてすむことになる。前室はステンレスなどで化粧されている。耐火台車は自動で出し入れされるため作業員の労力の低減にもつながっている。現在の公営火葬場ではほとんどこの形式となっている。

昭和五六（一九八一）年に竣工した京都市中央斎場では、火葬炉の連続的使用を追求するため、前入れ後ろ出しの方式である。前室を設け自動納棺装置を設置し、ステンレスの化粧仕上げとした。火葬炉はロストル式で骨受け皿をあとから引き出すという方式である。平成七（一九九五）年からの改修工事で、自動納棺装置の機械部分の動きや外観にまで細心の注意が払われている。連続燃焼に耐える炉の構造としたことにより、一炉で最高五回転の火葬も可能とした。

地下納棺方式

日本の火葬炉は、石を組んだ窯に柩をのせる形式から、柩を横から入れる炉として変化していった。炉前ホールが設けられ、火葬炉の扉を開けて柩を納めるのが一般的であった。

大正時代になると、ヨーロッパの墓地火葬場の調査が行われるなど、日本にもヨーロッパの火葬場について知られるようになった。日本でも本格的に電気炉や重油炉の開発が行われたり、ヨーロッパの火葬炉の技術・導入が行われるようになったのはこのころである。大正一二（一九二三）年には建設許可が下り、日進起業によって建設された堀之内葬斎場は重油炉を備えたれんが造で、欧米の火葬場の形式を導入した火葬場であった。堀之内葬斎場営業開始の新聞広告（読売新聞・大正一四年）に建物の写真入れで火葬場の様子が次のように紹介されている。「當火葬塲は特に齋場の設備がありまして葬儀後霊柩は自動的に「エレベーター」で地下室の火葬塲に移され科學的に浄化せらるゝ極めて文化的な装置であります」。

建物は二層式で、上層が斎場で下層が火葬室である。斎場での告別が終わると柩が地下に下りるヨーロッパで多く見られる火葬場の形式であった。地下の火葬炉にどのように柩を納めたかは不明であるが、告別場所と火葬炉を立体的に分けるヨーロッパの火葬場の形式も導入が図られたがこの形式は現在の日本では見られない。

運搬車のデザイン

柩の運搬は古くは野辺送りとして、自宅から火葬場まで家族や地域の相互扶助で行われていた。その後、モータリゼーションにより、現在は霊柩自動車で葬儀会場から火葬場まで運ばれるのがほとんどとなっている。

火葬場内では遺族が柩運搬車を押し、耐火台車にのり換えを行う方式のところもあるが、それらの行為を職員一人で行う火葬場もある。そのため耐火台車への柩の積載装置を備えた、電動運搬車が導入された。床の目地の通過時やモーターの走行音が問題となったり、荷物を運ぶフォークリフトに似ているデザインが不評でもあった。そのため動力部分を専用に開発したり、化粧カバーをつけるなど工夫も見られる。また走行音の低減を図ったり、運転レバーを目立たなくするなど操作性よりもデザイン性に配慮した運搬車もある。

遺族が火葬炉を見ることを想定し、化粧カバーが取りつけられた火葬炉

葬送のためのしかけとしての火葬炉

特に近年は周辺住民がダイオキシン類の発生を問題視するケースが見られ、十分な対策が必要となっている。必要温度と十分な滞留時間を確保できる再燃焼室が求められ、高性能な集塵機としてバグフィルターの設置も進んでいる。さらにダイオキシン分解触媒など火葬炉メーカーの研究も進められている。

火葬炉の排ガスには法的な公害防止基準がなく、設置者側は自主的に類似施設より厳しい基準を定める場合が多い。火葬炉設備の設置スペースも増大する。火葬は個体差が大きく定量的な燃焼ではなく急激な燃焼変化を伴う。

設備のコンパクト化や省力化が求められているため、燃焼解析を行ったうえで、燃焼シュミレーションを用いた炉体設計などが必要となろう。

また、火葬場は死を受容する場であるため、遺体が焼骨に変わるその過程は、遺族にとってはもっとも重要な場面となる。したがって、公害を出さないことや効率よく火葬が行えるとともに、遺族の心情に配慮した設備であることも求められる。柩の受け入れ、運搬から焼骨の拾骨までの遺族が目にふれる部分のデザインや質感、柩運搬車や拾骨台車などの走行音や作動音、火葬炉へ柩を納める方式についての検討も必要になり、火葬炉設備計画も合わせて建築計画を行う必要がある。

参考文献一覧

◉火葬場を扱った書籍

島田　藤『高等建築学二四　葬祭施設』、常磐書房、一九三四年
浅香勝輔・八木澤壮一『火葬場』、大明堂、一九八三年
厚生省環境衛生局企画課監修『新版 火葬場の施設基準に関する研究』、日本環境衛生センター、一九八九年
葬送文化研究会編『葬送文化論』、古今書院、一九九三年
建築思潮研究所編『建築設計資料四六　葬斎場・納骨堂』、建築資料研究社、一九九四年
藤木隆男監修『現代建築集成　宗教施設』、メイセイ出版、一九九七年
日本建築学会編『建築設計資料集成　総合編』、丸善、二〇〇一年
日本建築学会編『建築設計資料集成　拡張編（集会・市民サービス）』、丸善、二〇〇二年
火葬研究協会立地部会編『火葬研究叢書一　火葬場の立地』、日本経済評論社、二〇〇四年
日本葬送文化学会編『火葬研究叢書二　火葬後拾骨の東と西』、日本経済評論社、二〇〇七年
建築思潮研究所編『建築設計資料一〇九　葬斎場・納骨堂二』、建築資料研究社、二〇〇七年

◉そのほかの書籍

『東京博善株式会社五十年史』、東京博善、一九七一年
藤森照信『明治の東京計画』、岩波書店、一九八二年
有明夏夫『骨よ笑え』、文藝春秋、一九八四年
『江戸東京学辞典』、三省堂、一九八七年
牧原憲夫『明治七年の大論争』、日本経済評論社、一九九〇年

『株式会社戸田葬祭場七十年史』、戸田葬祭場、一九九九年
『株式会社誠行社九〇年史』、誠行社、二〇〇二年
『聖典株式会社七十年の歩み』、聖典、二〇〇五年
Caroline Constant; THE WOODLAND CEMETERY: Towards a Spiritual Landscape, Stockholm, 1994
Bengt O.H. Johansson; TALLUM: Gunnar Asplund and Sigurd Lewerentz Woodland Cemetery in Stockholm, Stockholm, 1996
Edwin Heathcote, MONUMENT BUILDERS: Modern Architecture and Death, Toronto, 1999

◉雑誌記事

八木澤壮一「火葬場　その風土と建築」、『建築文化』、一九八一年七月号
八木澤壮一「火葬場建築の建設プロセスとコストスタディ」、『建築と積算』、一九七七年九月号
東京電機大学八木澤研究室「火葬場建築のディテール」、『ディテール』、一九九七年七月号
武田　至「日本の注目すべき火葬場」、ARCHITECTURE AND CULTURE / Korea、二〇〇六年七月号
特集「人生と建築　火葬場篇」、『建築ジャーナル』、二〇〇六年一二月号

◉研究論文

入沢　恒・川上秀光「都市供給処理施設の計画基準の考え方と火葬場の場合　都市供給処理施設の計画に関する考え方　その一」、『日本建築学会関東支部第二七回研究発表会』、一九六〇年
八木澤壮一「日本火葬施設事情考」（日本建築学会創立九〇周年記念懸賞論文佳

作入選）、『建築雑誌』第一一一六号、一九七七年一月
八木澤壯一「火葬場研究の目的と施設の概要　火葬場の建築計画に関する研究Ⅰ」、『日本建築学会論文報告集』第二九五号、一九八〇年九月
八木澤壯一「公営火葬場の管理と運営について　火葬場の建築計画に関する研究Ⅱ」、『日本建築学会論文報告集』第二九九号、一九八一年一月
八木澤壯一「火葬場内における葬送行為の分析　火葬場の建築計画に関する研究Ⅲ」、『日本建築学会論文報告集』第三一五号、一九八二年五月
松村正人・八木澤壯一・吉本正信「都市計画決定からみた火葬場建設と住民の反応」、『第二四回日本都市計画学会学術研究論文集』、一九八九年
八木澤壯一・樺田直樹・武田至「火葬場の敷地・建物面積の構成と施設基準」、『日本建築学会地域施設計画研究七』、一九八九年七月
浅香勝輔「地域施設としての火葬場と都市計画規制に関する研究」、『日本建築学会計画系論文報告集』第四二一号、一九九一年三月
浅香勝輔「港都横浜市における都市計画にかかわる火葬場の史的研究」、『日本建築学会計画系論文報告集』第四二九号、一九九一年一一月
浅香勝輔「ハンセン病療養所付設火葬場の歴史的変遷に関する研究」、『日本建築学会計画系論文報告集』第四五〇号、一九九三年八月
八木澤壯一・浅香勝輔「守旧的火葬場と改新的火葬場の対比」、『日本生活文化史学会　生活文化史』第二六号、一九九四年
八木澤壯一・飯島祥二「焼却による遺体処理から火で葬る場へ　三木・長尾葬斎施設組合葬斎場しずかの里」、『日本建築学会地域施設計画研究一八』、二〇〇〇年七月
武田　至・八木澤壯一・小林拓人「造り手と使い手からみた火葬場像と施設の評価」、『日本建築学会地域施設計画研究一八』、二〇〇〇年七月
木下雅博・八木澤壯一・武田　至ほか「火葬場の建設プロセスに関する研究」、『日

本建築学会関東支部研究報告集』、二〇〇一年三月

小林拓人・八木澤壯一・武田　至ほか「火葬場における平面構成から見たデザイン特性について」、『日本建築学会関東支部研究報告集』、二〇〇一年三月

武田　至・八木澤壯一ほか「火葬場における葬送行為の動線と平面構成について」、『日本建築学会地域施設計画研究一九』、二〇〇一年七月

田村久子・八木澤壯一・武田　至「火葬場の運営・建物構成・規模と運営費用のとの関係について」、『日本建築学会関東支部研究報告集Ⅱ』、二〇〇二年三月

武田　至・八木澤壯一ほか「火葬場の運営・平面構成・規模からみた火葬費に関する研究」、『日本建築学会地域施設計画研究二〇』、二〇〇二年七月

武田　至・八木澤壯一ほか「火葬場建設に関する費用の研究」、『日本建築学会地域施設計画研究二一』、二〇〇三年七月

遠藤秀平・藤岡あおい・堀江　渉「筑紫の丘斎場」、『日本建築学会地域施設計画研究二二』、二〇〇四年七月

武田　至・八木澤壯一ほか「火葬場整備にPFIを導入した事例から見た火葬場建築の質の向上に対する方策について」、『日本建築学会地域施設計画研究二二』、二〇〇四年七月

武田　至・八木澤壯一ほか「火葬場での扱われ方からみた葬送行為の変化について」、『日本建築学会地域施設計画研究二三』、二〇〇五年七月

石井良次・八木澤壯一・武田　至「現代中国における葬送行為と葬祭施設の変化について(葬祭と施設計画に関する研究)」、『日本建築学会地域施設計画研究二三』、二〇〇五年七月

無漏田芳信「プロポーザル方式における火葬場の評価視点と実現過程について」、『日本建築学会地域施設計画研究二三』、二〇〇五年七月

武田　至「火葬場の葬送行為と運営方針を加味した必要火葬炉数算定方法の開発」、『日本建築学会技術報告集』第二二号、二〇〇五年一二月

武田　至「火葬場の平面構成と建物面積及び建築費について」、『日本建築学会計画系論文報告集』第六〇三号、二〇〇六年五月
武田　至「火葬場の平面構成が葬送行為に及ぼす影響について」、『日本建築学会計画系論文報告集』第六〇三号、二〇〇六年五月
武田　至・八木澤壮一ほか「火葬場の都市計画決定に関する行政指導及び住民の反応とその対応について」、『日本建築学会地域施設計画研究二四』、二〇〇六年七月
石井良次・八木澤壮一・武田　至ほか「世界各国の火葬に関する政策と法令及び施設運営形態について」、『日本建築学会地域施設計画研究二四』、二〇〇六年七月
石井良次・八木澤壮一「イギリスにおける火葬場及び火葬炉の変容について」、『日本建築学会計画系論文集』第六一八号、二〇〇七年八月
Itaru Takeda, Soichi Yagisawa; Research about the cremation expenses which were seen from the plane composition and the scale of the crematory, 4th International Symposium on Architecture Interchanges in Asia Synopses, 2002
Itaru Takeda, Soichi Yagisawa, Yoko Nagae, Yoshiji Ishii, Mitsuru Fukuda; About a change of the burial of remains act that watched from treated of a crematorium, 6th International Symposium on Architecture Interchanges in Asia Synopses, 2006

図版クレジット

八木澤壯一……カバー、〇二六―〇三五、〇七四―〇七八上、〇七九―〇八七、〇九〇上、〇九一、〇九八右、一〇一（租税課社寺科『火葬一件』より作成）、一〇九右、一一三、一一六、一二八下、一三〇（『火葬一件』より作成）、一三一右、一五三、一五四、一六〇上、一七〇左、一七五中、二〇五左

武田　至……〇一四―〇二五、〇三六―〇七三、〇七八下、〇八八―〇八九、〇九〇下、〇九六、〇九八左、〇九九上・中、一〇五上（『荒川区史』一九九九年より作成）、一〇五下、一〇八（東京都公文書館『東京市史稿市街七九』より作成）、一〇九左―一一一、一一四、一二一―一二五、一三一左、一三二、一三四、一四三、一四六、一四八、一五六、一五七、一五九、一六〇下―一七〇右、一七一、一七三、一七五上・下、一七六、一七七下―一七九、一九〇下、一九三、一九四、一九七―一九九、二〇四、二〇五右、二一四、二一五、二一八、二三〇

松村芳治……一五五

長尾鉄夫……一七二

渡辺洋美（わたなべスタジオ）……一七四

近江八幡市……一五八、一八四―一九〇中

ＰＦＩ越谷広域斎場……一九一―一九二

『越後木場の郷土誌』（黒埼町公民館木場分館、一九七七年）……〇九七

『曹渓宗 宗正 慧庵堂 性観大宗師 宗団葬』（韓国、二〇〇二年）……〇九九下

エドワード・Ｓ・モース『日本その日その日』（平凡社、一九七〇年）……一〇〇、二一一、二一三

「火葬場台帳」……一〇三

あとがき――研究と出版の経緯

私たち日本建築学会 火葬場施設小委員会は、建築計画委員会に属し、二〇〇〇年に火葬場施設研究会として発足した。学会内での認知度の高まりを受けて、二〇〇五年度から委員を増やして小委員会に昇格し、より研究の幅を広めることとなった（二〇〇八年度より火葬場施設WG）。

創設の中心となった八木澤壯一と浅香勝輔は、一九七〇年代から火葬場の研究を続けてきたパイオニアである。現在のように注目されないなかで研究成果を共著『火葬場』（大明堂、一九八三年）として初の学術書にまとめ、火葬場の仕事にかかわる人々にとっての定本となった。しかし、一般には火葬場への理解が深まることはなく、専門の研究機関もなかったため、公的な団体のなかに組織を設けて研究を行いたいという願いが募っていった。これが当会の出発点となり、ふたりのような火葬場の設計者や研究者がメンバーとなって資料収集と意見交換をスタートした。

冒頭で述べたように、火葬場は設計基準や構造指針のない施設である。また、設置の許認可の基準は、都道府県知事の裁量に任されている。死亡者数の増加や少子高齢化に伴う社会構造の変化によって、火葬場に求められる役割が拡大する一方で、自治体の側は財政が苦しく、建設・運営そのものに多くの問題を抱えていた。さらに、地域の葬送習慣と実情への配慮も、施設計画にとって大切になる。関係者の困惑は深まるばかりだったように思う。

こうした困難な状況をやわらげるべく、建築の計画と設計に必要な資料を収集・研究し、指針の作成をめざすことになった。火葬場施設小委員会となった年の夏には、実際の施設の計画を対象に「ワークショップ方式を取り入れた火葬場建設」研究会を開催している（一八四〜一九四ページ）。

こうした研究成果をまとめたのが本書であり、火葬場の建設において周辺住民の理解を得ること、建設や運営に携わる人々の共通認識を高めることに役立ってほしいと願っている。

二〇〇九年五月　日本建築学会　火葬場施設小委員会

委員一覧

日本建築学会　建築計画委員会
火葬場施設研究会
二〇〇〇～二〇〇四年度
火葬場施設小委員会
二〇〇五～二〇〇七年度
火葬場施設WG
二〇〇八年度
特記なきかぎり
二〇〇〇～二〇〇八年度委員

八木澤壮一　共立女子大学／二〇〇〇～二〇〇三年度主査
浅香勝輔　日本大学大学院／二〇〇四～二〇〇六年度主査
武田　至　火葬研究協会／二〇〇〇～二〇〇六年度幹事、二〇〇七～二〇〇八年度主査
阿佐見昭彦　日建設計、二〇〇五年度～ASAMI Design
仲邑孔一　前川建築設計事務所
益子義弘　東京藝術大学
飯島祥二　NUK建築計画事務所／二〇〇四年度～
遠藤秀平　遠藤秀平建築研究所／二〇〇四年度～
平野　譲　熊谷組／二〇〇四年度～
石井良次　共立女子大学／二〇〇五年度～
宮本芳樹　宮本工業所／二〇〇五年度～
無漏田芳信　福山大学／二〇〇五年度～
高橋大輔　共立女子大学／二〇〇七～二〇〇八年度幹事

編集協力　鈴木正幸（コモンテックス）
玉木仁志（アーク）
猪俣雄一（東京電機大学）
企画・編集　川嶋　勝（鹿島出版会）
編集・校正　中神直子
造本・装幀　伊藤滋章

弔ふ（とむらう）建築　終（つい）の空間としての火葬場

発行　二〇〇九年六月三〇日

編者　日本建築学会

発行者　鹿島光一

発行所　鹿島出版会
〒一〇七-〇〇五二　東京都港区赤坂六-二-八
電話〇三-五五七四-八六〇〇　振替〇〇一六〇-二-一八〇八八三

印刷　壮光舎印刷

製本　牧製本

ISBN 978-4-306-04530-9 C3052　Printed in Japan
本書の内容に関するご意見・ご感想は下記までお寄せください。
URL:http://www.kajima-publishing.co.jp
e-mail:info@kajima-publishing.co.jp